Giuseppe Martinenghi

# *CREDO LA VITA ETERNA*

Youcanprint *Self-Publishing*

Titolo | Credo la vita eterna
Autore | Giuseppe Martinenghi

ISBN | 978-88-91166-54-8



Youcanprint Self-Publishing
Via Roma, 73 – 73039 Tricase (LE) – Italy
www.youcanprint.it
info@youcanprint.it
Facebook: facebook.com/youcanprint.it
Twitter: twitter.com/youcanprintit

# *CREDO LA VITA ETERNA*

<u>AIUTARE ALLA SPERANZA CRISTIANA</u>

<u>PREMESSA</u>

Con il presente breve volume l'autore vuole tracciare una via di speranza. Non però una speranza fragile, basata sui tanti desideri umani. Una speranza fondata su Cristo, Lui, unica roccia della nostra salvezza. Non ha paura pertanto di affrontare temi diretti e cruciali, come quello della morte, proprio perché intende prendere "di petto" i quesiti fondamentali che nascono nel profondo del cuore dell'uomo. Il perché dell'esistenza, come il dramma della morte, o la sofferenza. E' quindi di fondamentale importanza non cadere nella classiche trappole della gestione dell'oggi senza avere uno sguardo fisso verso il domani. E' di fondamentale pregio il poter guardare dentro se stessi, fino in fondo, in silenzio. Non solo il silenzio esteriore, ma anche e soprattutto quello interiore. La presa d'atto, senza scusanti, del dover affrontare il problema della morte, non può eludere quello della presenza del male, e per chiamarlo con il suo vero nome, del demonio. Il demonio esiste, è presente nel mondo, è presente anche nel profondo di tante situazioni apparentemente inspiegabili. Contro di lui occorre concentrare la battaglia, occorre concentrare le forze, senza disperderle nella lassità della vita quotidiana.

Per quanto detto sopra bisogna riscoprire il cuore del credo cristiano, con alcune sottolineature che l'autore intende esprimere, che non debbono sembrare scontate, ma è piuttosto necessario ribadirle, perché molte persone possano trarne giovamento e chiarezza di Spirito.

L'obbiettivo del libro è proprio quello di donare, o tentare di donare, una profonda speranza, ed ecco perché l'autore non può che rifarsi costantemente alla Sacra Scrittura ed alla preghiera.

Questo permette di rivelare a credenti e non credenti che Cristo, figlio di Dio, è l'unica vera via, l'unica vera speranza, che non crollerà mai, anche se una madre si dimenticasse di suo figlio.

La redenzione portata nel mondo dal Cristo è il punto chiave della storia dell'umanità, è in forza della Resurrezione del Salvatore che noi non possiamo più permetterci di disperare, perché Dio non ci abbandonerà mai, in quanto questo si confà alla sua stessa natura di Dio trino ed unico.

Dopo un volume dedicato ai sofferenti, l'autore ha pertanto sentito l'esigenza di andare ancora più nel profondo del mistero cristiano, per portare alla luce verso il lettore, la serenità e la pace che ogni uomo cerca dentro di sé. Si vuole quindi aiutare chi legge ad avere maggiore coraggio nell'affrontare la prova, perché la promessa di salvezza non viene da un uomo mortale, ma dal creatore della vita e dal redentore.

L'invito è a leggere queste pagine con libertà interiore lasciandoci interrogare, personalmente, dalle domande cruciali dell'esistenza, e lasciandoci trasportare nelle profondità del mistero, uscendone, se possibile, con una luce più forte, con una speranza più radicata.

Il testo, per sua natura, è rivolto a tutti, ma ovviamente in particolare a chi soffre nel profondo del proprio io, e solo Dio sa cosa c'è nel cuore dell'uomo, solo lui lo sa. Naturalmente è rivolto in particolare ha chi sta affrontando prove di ogni genere, ma anche a chi sta camminando e prendendo decisioni importanti per la propria vita, che tutta propria non è, anche se un giorno saremo a tu per tu con Dio.

Non lasci sorprendere l'apertura riguardo alla morte, affinchè non la si interpreti in modo negativo, quanto piuttosto la si interpreti come l'esatto contrario della superficialità, il viaggio verso il centro del cuore dell'uomo.

Ricordati che morirai. Non sto soltanto traducendo una frase che si trova all'ingresso di alcuni conventi, con scritta in latino "memento mori". Sto dicendo proprio a chi legge. Perché vedete questa è una di quelle frasi che sembrano dette tanto per dire, ma se una persona la sente detta verso di sé, ha un effetto completamente diverso.

Mi sto rivolgendo quindi a te, lettore, a te che passi le tue giornate sul lavoro, con colleghi di ufficio o compagni di lavoro, che ti arrabbi spesso perché il rapporto con chi ti è vicino non va bene, ti sta antipatico, non lo sopporti più. Oppure a te che non ce la fai più perché il lavoro è umiliante, pesante, e torni stanco, magari facendo il pendolare in macchina o in treno e trascorrendo molte ore della tua vita nel tragitto.

Ma questa frase è rivolta anche a te, che non sei così fortunato da avere un lavoro, e non riesci a trovare il sostegno per la tua famiglia, oppure a te pensionato, che tra qualche acciacco, ti trascini tra le giornate, spesso senza cercare un senso e un filo conduttore.

Si potrebbe andare avanti all'infinito per descrivere le più svariate condizioni di esistenza in cui tutti, ma dico proprio tutti, non possono sottrarsi a sentirsi dire questa frase.

Bene, sappiate, che la Bibbia, Antico Testamento, Libro del Qoelet (quindi non un pinco pallino qualunque) vi dà già una indicazione precisa. Secca, dura quanto volete, ma dovete accettarla. La frase è questa: vanità delle vanità, tutto è vanità. Poi chiaramente il testo continua ma il senso è proprio questo. Sta nella parola vanità. Voi direte: ma come io me la prendo tutti i giorni, lavoro, litigo, mi rodo il fegato, combatto battaglie per la mia famiglia, l'educazione, uno stile di vita corretto, uno stipendio, una dignità, una casa, e questo mi dice che è tutta vanità? Ma questo sta sulla Luna e io ho i piedi ben piantati a terra. A coloro che la pensano così risponderei che possono pensarla come vogliono, ma anche il loro pensare è vanità.

In realtà il testo biblico non vuole ridicolizzare l'impegno, l'abnegazione, i sacrifici che ognuno svolge quotidianamente per i valori in cui crede, o anche perché gli è capitato di fare così e gli altri fanno così.

Tutt'altro. Qoelet vuole condurci su due obbiettivi fondamentali. Anzitutto vuole ripristinare il giusto peso e la giusta misura da dare alle cose, al fare. Se Dio è amore infinito e siamo stati creati per l'eternità, è persino razionale, anche per un agnostico, pensare che tutto ciò per cui ci arrabattiamo e lavoriamo non è nemmeno confrontabile con l'infinito e l'eterno. In secondo luogo, e per me soprattutto, stabilisce la suprema potenza del divino e ci rimette al nostro posto di creature rispetto al Creatore.

Ora, la frase "ricordati che morirai" è un passo in avanti storico rispetto al Qoelet. Non solo dal punto di vista temporale, ma anche da un punto di vista spirituale e umano. In mezzo ci sta il credere nella vita eterna e, per un cristiano, la rivelazione e la salvezza operata dal Cristo. Una affermazione difficile che cercheremo di snocciolare passo passo durante questo viaggio nel libro. Vorrei solo chiudere questa affermazione con quanto scrive San Pietro nelle sue lettere, perché a mio avviso è una chiave di lettura non indifferente del messaggio cristiano e si collega, lo scopriremo anche più avanti, al titolo di questo capitolo.

S.Pietro scrive: "Sia benedetto Dio e Padre del Signore nostro Gesù Cristo: nella sua grande misericordia, egli ci ha rigenerati, mediante la risurrezione di Gesù Cristo dai morti, per una speranza viva, per una eredità che non si corrompe, non si macchia e non marcisce…"

Perfino troppo palese è la connessione di queste parole con il nostro "ricordati che morirai".

Lasciando spazio poi ad una profonda riflessione di quanto scrive Pietro, perché merita veramente, il titolo del capitolo coglie entrambe gli aspetti che abbiamo visto: Qoelet e Pietro.

E' vero, non possiamo sfuggire alla morte, ma per chi crede e per usare le parole del salmista: "dov'è o morte il tuo pungiglione?", facendo riferimento alla Resurrezione di Cristo.

Non credo affatto che avere sempre presente la nostra morte sia qualcosa di tenebroso, assurdo, contro la vita. E' invece l'avere sempre presente la finitezza, non la finitezza e la fragilità di ogni uomo in generale, ma la mia, la tua, quella dei miei cari. E' il dare un equilibrio alle cose che facciamo, alle emozioni che viviamo, alle sofferenze, ai momenti di gioia, allo sguardo verso il futuro. Lontano da essere una nota negativa nel vedere la vita, spalanca le porte dell'eterno, incoraggia chi è rifiutato da questa vita e chi la rifiuta, chi si sente fallito, rende umile chi si sente potente. Perdonatemi l'inciso, ma questo non vi ricorda il Magnificat a Maria Santissima? ..." ha rovesciato i potenti dai troni, ha innalzato gli umili, ha ricolmato di beni gli affamati, ha rimandato i ricchi a mani vuote". Questo inciso tenetelo bene in mente perché ci servirà per capire qual è il fulcro del messaggio divino in Cristo Gesù. Ma di questo ce ne occuperemo più avanti.

Per me adesso conta soprattutto che il "ricordati che morirari", non spaventi più, ma, voi direte per assurdo, incoraggi. Lontano dall'essere una visione negativa della vita, tenere sempre presente questo passo non è triste, inquietante, quanto piuttosto tiene ben saldi a terra coloro che intraprendono strade senza meta.


<u>IL GIUDIZIO DI DIO</u>

Chi crede nella vita eterna sa che, quando questo nostro corpo mortale sarà polvere, ognuno sarà sottoposto al Giudizio di Dio. Quando? Come? Per quanto tempo? Interessante cercare di approfondire, ma poco utile. Come dice la Sacra Scrittura "non spetta a voi conoscere i tempi e i momenti", verrebbe quasi da aggiungere anche il modo. Sappiamo però, che quando questo nostro corpo sarà resuscitato, noi saremo simili a Lui.

Due punti vorrei solo enucleare. Sulla base di cosa si esprimerà il giudizio e quale sono le risposte possibili.

La Sacra Scrittura si esprime in più punti. Quello che preferisco evidenziare è che saremo giudicati sull'Amore. Avevo fame e mi avete dato da mangiare, avevo sete e mi avete dato da bere, ero nudo e mi avete vestito, ero prigioniero e siete venuti a trovarmi, ero malato e vi siete presi cura di me. Se farete queste cose sarete beati. Il bere non significa solo dare acqua fisica ma anche offrire ristoro, fisico mentale, spirituale. Offrire una prospettiva di vita, offrire quell'acqua per cui una persona non continua ad avere sete, vedi al proposito il brano della Samaritana al pozzo. Prendersi cura di una persona malata non significa soltanto somministrargli dei farmaci, ma curare tutte le dimensioni della persona, quella fisica, quella morale, quella spirituale. Non ascoltate tutte quelle lezioni universitarie in cui vi parlano del transfert, della necessità di essere distaccati dall'aspetto emotivo per essere più razionali di fronte al malato. Date voi stessi all'ammalato, il vostro io, la vostra emozione, la vostra vicinanza. Santo cielo, non è un gatto, è una persona con una propria coscienza, con le proprie aspirazioni, con le proprie paure. E non abbiate paura di farvi aiutare dagli infermieri, dagli assistenti, da tutte queste persone che pur non essendo medici, ogni giorno, tra sangue e feci, si occupano della vostra salute. Inoltre sapete quale'è la malattia più terribile che, almeno io, abbia mai vissuto in quarantacinque anni? La depressione. Nessuno ti crede, tutti ti giudicano, ti condannano, e quasi sempre è una condanna definitiva. Hai paura, ti senti  solo, e pensi di sprofondare sempre più. Il turbine nella tua testa gira, gira e non si vuole fermare. A volte arrivi persino a volerlo fermare spaccandoti la testa contro il muro... Come dice Dante, il divino poeta, ti ritrovi perso, nella valle oscura, che la diritta via è smarrita. Ancora oggi ci sono strutture psichiatriche, ve lo sottoscrivo e se volete vi porto anche, ove viene rifiutata categoricamente la presenza di una assistenza spirituale, come se esistesse solo la componente dei neuroni, il funzionamento biologico e lo status quo morale. Che poi è proprio quo, perché è un ambiente talmente triste che anche le persone piene di vita si deprimono. Ricordatelo, hanno bisogno di aiuto non solo chimico, non solo farmacologico, non solo psicologico. Hanno bisogno di sperare, di sentirsi amati.

A proposito, voi credete che chi vive in carcere non abbia bisogno di sentirsi amato? Per chi legifera è importante che subiscano la pena, non diano grane, non comportino costi. Loro devono solo cercare di farsi la corazza e sopravvivere nella giungla, chiusa, della prigione. Più l'animo diventa duro, roccioso, impermeabile, meglio di sopravvive, non si vive.

Vi ho fatto fare un veloce giretto tra le varie situazioni di sofferenza, solo alcune perché non è questo l'ambito e il testo per una adeguata riflessione. Abbiamo dunque fatto un piccolo viaggio, esempio, per capire dove si può fare del bene, cioè guadagnarsi ...il Paradiso.

Tutti gli ambienti sono luogo per vivere l'Amore di Dio. La famiglia prima di tutto, fondata sul Sacramento del Matrimonio, che deve mirare all'esempio della Sacra Famiglia. Luogo di relazioni, sofferenze, gioie, luogo di cammino. Qui, più che altrove, per chi è fortunato ad averne una, si sviluppa la trama della vita, e questo è l'ambiente precipuo per sperimentare l'Amore di Dio.

Riprendendo la domanda iniziale, quindi il primo elemento: su che cosa si baserà il giudizio particolare finale? Sull'Amore: lo hai accettato, lo hai vissuto nel senso più profondo? Ti sei preso cura di tuo fratello, in famiglia e fuori?

Saremo quindi giudicati secondo il comandamento dell'Amore. Ma andiamo a leggere bene cosa dice il Vangelo al proposito: ...avevo fame e mi avete dato da mangiare, avevo sete e mi avete dato da bere, ero nudo e mi avete vestito, ero forestiero e mi avete ospitato, ero carcerato e siete venuti a trovarmi...Signore fa che io possa rispondere quel giorno con limpidezza a queste domande, perché altrimenti il giudizio...

Il secondo aspetto:  le risposte possibili. Non è mia intenzione fare lezione di teologia escatologica, cioè dell'aldilà, ci sono un'infinità di testi per questo. Piuttosto vorrei evidenziare alcuni aspetti perché si conficchino in testa a qualcuno che legge.

Sono il Paradiso, cioè l'eternità beata, il Purgatorio, e per chi non ha accolto l'Amore di Dio: l'inferno. Dice la Scittura: via da me, nel fuoco eterno, perché ho avuto fame e non, ho avuto sete e non, ero forestiero e non, non non. Vi segnalo un particolare perché non sfugga. Non è sufficiente dire non ho fatto nulla di male, ma non ho fatto nulla di bene è sufficiente per "meritarsi" l'inferno. Inferno: condizione di vita eterna nella estrema sofferenza e nel dolore, in quando per l'eternità non si avrà più la possibilità di vedere Dio e godere della sua pace. La punizione sarà pertanto terribile e senza appello. Senza appello. Questo dà angoscia se ci si pensa, perché occorre fare un buon uso di ogni momento della vita. E' come dire: la vita è un dono, ma stai bene attento che è una cosa seria. Se tu rifiuti il dono e scegli il male, sarai dannato per l'eternità, per l'eternità. Pertanto quando sei a tavola, mettiti comodo, scegli tra mille cose, e se qualcuno suona al campanello per avere briciole del tuo tempo perché ha bisogno, fai finta di niente, ci penserà qualcuno. Così, riuscirai a raggiungere l'inferno. Dio ti darà infinite possibilità per dirgli di sì, ma se tu ce la metti tutta per pensare a te stesso, e per fare del tuo IO il centro del mondo, non preoccuparti, ce la farai, l'inferno per l'eternità è il tuo futuro. Sintetizziamo: se ti metti tu al posto del Creatore e non creatura, come suggerito dal serpente, l'inferno è il tuo ambiente. Ma non immaginarti una cosa teorica, pensa proprio di essere tu, per sempre, senza appello, a dover soffrire i dolori dell'inferno, terribile.

Il purgatorio: non è uno stato eterno di perdita della visione di Dio, ma non è neanche poter godere della Sua presenza. Ci siamo dimenticati, presi da tante stupidaggini, di pregare per coloro che vivono nel Purgatorio, per le anime del Purgatorio. A volte esce qualche accenno in qualche celebrazione, ma è raro. Le anime del purgatorio gridano forte: tiratemi fuori di qui! C'è un bel testo che si intitola proprio così e racconta delle anime del Purgatorio. Pregate per loro, sempre. Non aspettano altro. Sono schiere incalcolabili di persone. Se ciascuno di noi si ricordasse un minuto alla settimana di pregare per loro. Quanti milioni di suppliche arriverebbero per loro. Quanto aiuto potremmo dare.

## IL SACRAMENTO DELLA RICONCILIAZIONE – LA CONFESSIONE

Purificami, o Signore,

sarò più bianco della neve.

Pietà di me o Dio nel tuo amore,

nel tuo affetto cancella il mio peccato

e lavami da ogni mia colpa,

purificami da ogni mio errore.

Il mio peccato io lo riconosco,

il mio errore mi è sempre dinnanzi;

contro Te, contro Te solo ho peccato,

quello che è male ai tuoi occhi io l'ho fatto.

Crea in me o Dio un cuore puro,

rinnova in me uno spirito fermo.

Non cacciarmi lontano dal tuo volto,

non mi togliere il tuo Spirito di santità.

Le vittime non ti sono gradite:

se ti offro un olocausto, non lo vuoi.

La mia vittima è il mio spirito affranto:

non disprezzi un cuore affranto e fiaccato.

(salmo 50)

Dio sa, e noi dovremmo ripetercelo in testa sempre, che siamo creature fragili, soggette alle tentazioni del male, e spesso a cedere a queste tentazioni. Abbiamo già visto che è male anche il "non fare il bene", ma il male si annida ovunque. Del demonio parleremo più avanti, in questo capitolo vorrei solo evidenziare che Dio ci dà la possibilità di tornare a Lui. Non così per dire, ma tramite un Sacramento: la Confessione e il perdono dei peccati.

Il monaco Silvano dal Monte Athos, fine 1800 inizi 1900, aveva un tormento nel cuore: da giovane diede un pugno talmente forte ad una persona che, senza volerlo, la uccise. Allora Silvano, per pentirsi, si fece monaco e nonostante tutti lo rassicurassero che Dio lo aveva perdonato, e lui si fosse più volte confessato, non riusciva a trovare pace. Un giorno, mentre era nella sua cella, pregava e faceva inchini alla Madonna, gli parve di vedere delle figure demoniache che gli stavano davanti e stavano davanti all'immagine della Vergine, e gli parve di udire una voce che diceva che egli si stava inchinando verso i demoni e non la S.Vergine. Silvano fu preso dallo sconforto e pensò che non sarebbe più riuscito a vivere in questo modo. Pensò persino di uscire dal monastero. Ma proprio mentre stava pensando udì nel cuore la voce del Signore Gesù che gli diceva: "Stai negli inferi e non disperare". Gesù gli intimava di non uscire dal monastero, ma riguardo del suo tormento gli diede una parola sorprendente: non gli promise di liberarlo dalla prova, gli inferi, quanto che non si ritenesse perduto, perché era amato, perdonato, e che quindi non doveva più disperare. Da quel momento Silvano visse l'esperienza continua di essere un grande peccatore e contemporaneamente un grande perdonato. La visione interiore di questa realtà fece di lui un uomo umile.

L'esempio reale che vi ho riportato, provo a descriverlo nel significato che comprendo.

Dio permette la sofferenza, sia quella fisica che quella morale, che quella spirituale. Ma non dobbiamo mai disperare. Attenzione, perché non è finita qui. Quando Silvano si riteneva amato e perdonato e si buttava alle spalle il proprio peccato, si ripresentavano i turbamenti dei demoni. Quando invece, in santa umiltà, riconosceva di essere un peccatore e lo teneva ben presente i demoni sparivano e godeva della vicinanza del Signore.

Dobbiamo essere profondamente umili e riconoscerci sempre peccatori, perché altrimenti, il pensare di essere salvi da soli è già di per se stesso un peccato, perché ci inganna, e ci fa credere di poter fare a meno della Misericordia di Dio.

Dice Papa Francesco che il protagonista del perdono dei peccati è lo Spirito Santo, che ci porta il perdono di Dio passando attraverso le piaghe di Gesù. Per le sue piaghe siete stati guariti… Non dobbiamo avere renitenza alcuna a confessarci spesso. Si può, si deve provare vergogna dei propri peccati. Anzi questa è una fonte di perdono.

Qualcuno potrebbe obbiettare che può ottenere la remissione dei peccati anche senza passare attraverso il sacerdote, perché considera la sua fede un fatto personale tra lui e Dio. A parte il fatto che non c'è nulla di più sbagliato nell'eliminare il rapporto con madre Chiesa, aspetto che aprirebbe altri discorsi che non intendo affrontare in questa sede. Gesù ha dato a Pietro, e quindi alla Chiesa, le chiavi per il perdono dei peccati, con le sue stesse parole: "a chi rimetterete i peccati saranno rimessi, a chi non li rimetterete resteranno non rimessi". Dio mantiene il giudizio finale ma conferisce alla Chiesa il potere di perdonare i peccati.

Alla Confessione occorre prepararsi bene. Con un buon esame di coscienza, in modo da leggere dentro noi stessi, umiliarsi profondamente davanti a Dio e vergognandosi di aver tradito la sua fiducia. Un supporto scritto di solito viene messo a disposizione del penitente, prima del Sacramento per aiutarlo in questo percorso. Per cui è inutile che lo replichi in completezza. Vorrei solo fissare lo sguardo su alcune domande:

Non avrai altro Dio all'infuori di me. Se penso che la cosa più importante della mia vita sia il mio essere felice, allora sostituisco Dio e divento idolo di me stesso. Se sono sempre e solo il centro della mia attenzione, allora seguo ciò che dice il demonio. Se penso che il mio futuro dipenda da quanto denaro ho accumulato, pur con sacrificio e fatica, allora il denaro è il mio idolo perché al centro della mia speranza c'à quella di avere il denaro, che mi permette... Beati i poveri. Cosa? Ma io se ho qualcosa è perché me lo sono guadagnato! Loro no.  Beati i poveri non lo dico io, l'ha detto Gesù Cristo. A proposito, non direi che Cristo è venuto per i poveri, direi piuttosto che si è fatto povero, e non mi sembra la stessa cosa.

Non commettere atti impuri: per il quieto vivere ci si abbandona troppo spesso a discorsi impuri, linguaggi sudici. Quante volte ci adagiamo alla visione di film o pubblicità sporche, quante scuse troviamo per tradire nostra moglie, anche solo con la mente. Quanta volgarità nel mondo.

Beati i miti perché erediteranno la terra. Tanti si chiedono: come? Essere miti? Tutt'altro. Occorre farsi largo a spintoni, in tutti i modi pur di sopraffare l'altro. Ne va del mio futuro, della mia tranquillità. I miti, oggi sono destinati ad una vita sempre più dura. E chi me lo fa fare? Beati i miti non l'ho inventato io. L'ha detto Cristo Gesù.

E ora solo alcune domande:

- La mia vita è davvero orientata a Dio?
- Professo con coraggio in ogni ambiente la mia fede cristiana?
- Come lavoratore o datore di lavoro, sono giusto ed onesto, anche nei confronti di chi è meno fortunato?
- So perdonare tutti? Nessuno escluso?
- Aiuto i poveri?
- Mi prendo cura di chi soffre?
- Dialogo con Dio? O preferisco pensare sempre a qualcosa senza fare silenzio dentro di me?
- Che posto ha nelle mie scelte la speranza nella vita eterna?

Dal profondo a te grido, o Signore,

Signore ascolta la mia voce,.

Siano i tuoi orecchi attenti alla voce

Della mia supplica.

Se consideri le colpe, Signore,

Signore chi potrà sussistere?

Ma presso di te è il perdono,

perciò avremo il tuo timore. (salmo 130)

Contrizione e umiltà, con il sacramento della Confessione, sono l'arma più potente contro il demonio. Anche esorcisti come il decano Amorth ammettono che l'arma più potente contro il demonio è proprio la Confessione, contro la quale il male non può fare nulla. I padri della Chiesa hanno un detto particolare: cos'è che vi fa fuggire demoni? Il digiuno? No. La penitenza? No. Cosa allora? L'umiltà, contro di essa non possiamo nulla.


<u>PHILATUIA</u>

Philautia è il nome con il quale i padri della Chiesa chiamavano l' "amore di sé", l'egocentrismo che ci pone al centro dell'universo, e ci rifiuta la logica del dono e della gratuità. Tutto ci è dovuto, tutto è nostra possibile preda, tutto è subordinato ai nostri desideri.

Qui trova terreno fertile la tentazione del demonio. E' proprio nel sentirci autosufficienti, il togliere spazio all'altro, gradualmente sempre di più, ciò che vuole il diavolo. E' come ripeterci la domanda: ma perché il mio potere deve essere limitato a non accedere anche alla mela di quell'albero? Perché io devo sottostare alla presenza dell'altro, con la a minuscola, che diventa anche sottostare alla presenza dell'Altro, con la A maiuscola, cioè Dio Creatore? Lo sperimentiamo soprattutto noi uomini occidentali, del mondo sviluppato tecnologicamente, noi che crediamo di avere tutti i poteri possibili e che nessuno ci può mettere un limite.

Più seguiamo la tendenza della nostra società, più ci sentiamo forti.

Sappiate che per amare Dio occorre mettersi proprio nella condizione contraria.

Non solo San Paolo ci dice: " è quando sono debole che sono forte per Cristo". Nell'umiltà, nella fragilità della nostra condizione umana, noi abbiamo bisogno dell'altro, persona, e dell'Altro, Dio. Questa è la condizione del servo umile, che, come il pubblicano che si pone in fondo al tempio, non osa alzare lo sguardo e prova rimorso e vergogna per il proprio peccato. Quando parlo di condizione di servo umile, non intendo infatti soltanto una condizione economica, ma anche e soprattutto una condizione spirituale. Una situazione di bisogno della Misericordia di Dio. Ma non è un dio che vuole far valere e far sentire la propria potenza e schiacciarci. La dimostrazione? La venuta nel mondo del Figlio, per prendere su di sé la nostra fragilità, la nostra precarietà umana e, soprattutto, il peccato, sino a scendere negli inferi per sconfiggere una volta per sempre, il peccato e la Morte, scritta in maiuscolo perché parlo della morte spirituale oltre che di quella corporale.

Percepite, allora, che si tratta di una prospettiva capovolta rispetto a quella della Philautia.

(Salmo 130)

Signore, non si inorgoglisce il mio cuore

 e non si leva con superbia il mio sguardo;

non vado in cerca di cose grandi,

superiori alle mie forze.


<u>LE BEATITUDINI</u>

Il Signore Gesù, mentre era nel mondo, ci ha dato una "carta" fondamentale, che rende chiara e non contestabile l'identità del cristiano, ed è insieme preludio di quello che è il metro di giudizio di Dio: sono le beatitudini, nell'ambito del grande discorso della montagna.

Le ripropongo, in tutta la loro semplice forza, e mentre il lettore si appresta a leggerle, pensi alla propria vita terrena e a quali sono le promesse rispettive dell'aldilà. Pongono in me un trasporto di coraggio e di speranza, che non ha eguali. Se la vita eterna è solo una parte di quello che si può intuire con le beatitudini, penso, non resta che ringraziare Dio.

Beati in poveri in Spirito,

perché di essi è il regno dei cieli.

Beati gli afflitti,

 perché saranno consolati,

Beati i miti,

perché erediteranno la terra.

Beati quelli che hanno fame e sete della giustizia,

perché saranno saziati.

Beati i misericordiosi,

perché troveranno misericordia.

Beati i puri di cuore,

perché vedranno Dio.

Beati gli operatori di pace,

perché saranno chiamati figli di Dio.

Beati i perseguitati per causa della giustizia,

perché di essi è il regno dei cieli.

Beati voi, quando vi insulteranno, vi perseguiteranno e, mentendo, diranno ogni sorta di male contro di voi per causa mia.

Rallegratevi ed esultate, perché grande è la vostra ricompensa nei cieli.

Quando incontrate persone che si trovano in situazione di tristezza, per tutti i motivi possibili, presentate loro questa speranza, quella che deriva dalla pagina del Vangelo di cui sopra. Io credo la vita eterna e mi fido di ciò che ha detto Gesù. Su questo voglio fondare la mia famiglia. Le sofferenze che, come tanti, meno di tanti, porto, non fanno altro che portare a compimento le sofferenze di Cristo per la salvezza del mondo, e, come tali, le offro.


DIALOGO CON UNA SUORA DI CLAUSURA

Nella mia piccola città esiste un antico monastero, ove vivono le Suore della Visitazione, claustrali.

Commentare la scelta claustrale e tentare di spiegare perché queste persone sono felici nella vita presente e potranno esserlo anche nella vita futura, è opera inutile, specie per chi non è vicino alla Chiesa. Siccome rispetto le scelte di tutti voglio quindi consegnare nudo e crudo un breve colloquio con una suora di clausura, che mi è stata presentata dalla sua consorella che gestisce il rapporto con l'esterno.

Si tratta a mio avviso di una dimostrazione di come Dio esista, non sia oppio per i popoli, e non sia una invenzione, perché altrimenti, tra sacrifici e preghiere, non ce la fai.

Sorella mi scusi, mi può spiegare perché una donna come lei, al tempo giovane, si decide a lasciare il mondo ed entrare in convento?

Mi sorride e dice: non le so rispondere, questo bisognerebbe chiederlo a nostro Signore. Vede non sono stata io a pensare di entrare in convento, è stato Lui che mi ha chiamato. Chissà quante giovani chiama! Il problema è che pochi Lo ascoltano. Perché a qualcuno se viene il pensiero, lo cacciano al più presto, ad altri la chiamata non arriva perché si hanno troppe cose da ascoltare. Invece, sa, bisogna sapere ascoltare, fare silenzio

Sorella, ma se proprio voleva fare del bene, non c'era più bisogno là fuori?

Io ho fatto questa scelta per fare del bene. Non è una contraddizione. Fare del bene non è soltanto aiutare fisicamente chi soffre, andare incontro a chi ha bisogno facendo offerte economiche, donare denaro.

Sappiamo che la persona è fatta di corpo e di spirito. Noi aiutiamo ogni giorno chi ha bisogno nello spirito. Situazione di tristezza, una perdita in famiglia, problemi coniugali o con i figli e potrei dirle all'infinito. Ecco noi aiutiamo queste situazioni.

Sì, le dico, ma sono molto meno efficaci di quello che si potrebbe fare fuori di qui.

Non sono d'accordo, mi risponde. Tenga presente che ogni mattina alle 6,00 con le mie sorelle incominciamo a ricevere telefonate da tantissima gente, e durano fino a sera. Se non ci crede passi una giornata dove prendono le telefonate e poi vedrà. Ognuno ha la sua interiorità da condividere, da dire a qualcuno che lo ascolta, i suoi problemi di ogni tipo da confidare, qualcuno vuole sfogarsi, tantissimi chiedono di pregare. Ecco questo è il centro. La gente chiede la nostra preghiera.

Le chiedo: quali soddisfazioni prova nella vita?

Vede, stare con il Signore è sufficiente per essere felici. Noi stiamo vicine al Signore pregando molto, e la preghiera è molto importante, e poi abbiamo anche la grazia di poter fare del bene nel modo che le ho detto. Io, per esempio, da ragazza, volevo fare di tutto nella vita, quando ho conosciuto Gesù volevo fare la missionaria. E il mio intento è stato quello, perché credevo che ci fosse bisogno di aiuto pratico dove c'è più povertà. Poi, poco tempo prima di partire in missione, avevo già l'incarico, sono entrata qui a

Soresina. E sono felice, molto felice, perché stare con il Signore rende sempre felici.

Avrete anche voi momenti tristi!

Tutti coloro che vivono devono passare momenti tristi, soffrire, gioire. Questa è la vita. Ma se vissuta vicino al Signore ci rende sempre felici. Anche il mio obbiettivo che le dicevo di andare in missione. Sa benissimo che S.Teresina di Lisieux, la nostra figura di riferimento, è la patrona delle missioni. Ma ciò non deve stupirla perché è una grazia, una missione grande quella che ci dà il Signore, pregare per chi soffre.

Abbiamo nel nostro monastero esempi di sorelle che vivono qui da oltre cinquant'anni. E non sono certo tristi o disperate, anzi!.

Peraltro io, come ministro dell'Eucaristia negli Ospedali,  posso confermare perché ho conosciuto due suore, che quasi al termine della loro vita, vivevano la condizione della malattia in una maniera che non ho ancora trovato in nessun altro ammalato.

Vorrei farle una domanda, se mi promette che non si offende. Se fossi ateo, le chiederei, a che cosa servite?

Risponde sorridendo: la Santissima Eucaristia, nel tabernacolo, a chi e a che cosa serve? Apparentemente a nulla. Ecco noi abbiamo davanti a nostri occhi l'esempio dell'Eucarestia.  La presenza silenziosa che sta accanto agli uomini. Se abbiamo così tanto grande esempio, come possiamo considerare la nostra chiamata inutile?

Termino il colloquio dicendole: mi rendo conto, suora, di averle fatto perdere del tempo e di averla infastidita.

No, ribatte immediatamente. Lei commette un grave errore se dice così. Questo è un grave errore. Perché noi siamo qui per questo, per ascoltare e metterci a disposizione dell'animo di tutti. Più che altro, le raccomando, come tutti i sabati quando viene a prendere l'Eucaristia, preghi per le vocazioni, tutte le vocazioni, soprattutto quelle di clausura. E' molto importante, perché Dio continui a chiamare e perché le persone si pongano in silenzioso, orante ascolto.

Dio sia Benedetto.


<u>LA REDENZIONE</u>

La parola redimere significa comprare. Il termine va usato specificamente in riferimento al raggiungimento della libertà di uno schiavo. L'applicazione di questo termine è riferita alla morte di Cristo sulla croce; implica che, se noi siamo redenti, la nostra condizione di prima era quella della schiavitù del peccato.

Dio ha "comprato" la nostra libertà e noi non siamo più sotto la schiavitù del peccato. Collegato al concetto di Redenzione è il termine riscatto. Gesù ha pagato il prezzo della nostra liberazione dal peccato e dalle sue conseguenze. La sua morte è stata offerta in cambio della nostra vita. La Scrittura è chiara e afferma che la Redenzione è possibile soltanto attraverso il sangue di Cristo, cioè la sua morte.

Dai testi biblici apprendiamo questi versetti:

Perché se con la bocca avrai confessato Gesù come Signore, e avrai creduto con il cuore che Dio lo ha risuscitato dai morti sarai salvato. (Romani 10:9)

Perché Dio ha tanto amato il mondo ed ha dato il suo unigenito Figlio, affinchè chiunque crede in lui non muoia.

Dio invece mostra la grandezza del proprio amore per noi in questo: che, mentre eravamo ancora peccatori Cristo è morto per noi (Romani 5:8)

Infatti è per Grazia che siete stati salvati, mediante la fede; e ciò non viene da voi, è il dono di Dio. Non è in virtù di opere da voi compiute, affinchè nessuno se ne vanti (Efesini, 2:8-9)

Vorrei che ora facessimo particolare attenzione al testo di questo canto, che viene utilizzato, a mio a avviso troppo riduttivamente, solo per le liturgie dei defunti.


## IO CREDO RISORGERO'

Io credo risorgerò,

questo mio corpo vedrà il Salvatore;

Prima che io nascessi, mio Dio,

Tu mi conosci,

ricordati, Signore, che l'uomo

è come l'erba, come il fiore del campo.

Ora è nelle tue mani,

quest'anima che m'hai data,

accoglila, Signore,

da sempre Tu l'hai amata,

è preziosa ai tuoi occhi.


## DAGLI SCRITTI DI SANT'AGOSTINO

Perchè, o mortali, ancora vi dilettate delle realtà passeggere e tentate di trattenere, se fosse possibile, una vita che sta inesorabilmente fuggendo? Una speranza più luminosa ha brillato sulla terra: alle creature mortali è stata promessa una vita in cielo. Per l'uomo dio si è fatto uomo. Questa speranza ci consoli in ogni nostra tribolazione e tentazione di questa vita.

Benediciamo il Signore Dio nostro, che qui ci ha riuniti a letizia spirituale. Conserviamoci sempre nell'umiltà del cuore e riponiamo nel Signora la nostra gioia. Tutta la nostra gioia, adesso, o fratelli, sia nella speranza. Nessuna gioia di quaggiù ci trattenga nel nostro cammino. Tutta la nostra gioia sia nella speranza futura, tutto il nostro desiderio sia rivolto alla vita eterna.


## Elevazione spirituale

*O Dio, dal quale provengono a noi tutti i beni e sono allontanati tutti i mali. O Dio, sopra del quale non c'è nulla, fuori del quale nulla e senza del quale nulla. O Dio sottoil quale èil tutto, nel quale il tutto col quale il tutto... Ascolta, ascolta, ascolta me, Dio mio, mio signore, mio re, mio padre, mio fattore mia speranza, mia realtà, mio onore, mia casa, mia patria, mia salvezza, mia luce, mia vita. Tu ci hai chiamato,noi t'invochiamo. Abbiamo udito la tua voce che ci chiamava, ascolta la nostra voce che t'invoca. Portaci dove hai promesso, copi l'opera che hai iniziato. Non abbandonare i tuoi doni, non trascurare il tuo campo, finchè i tuoi germogli saranno raccolti nel granaio. Abbondano nel mondo le prove, ma più potente sei t, che hai creato il mondo. Abbondano le prove, ma non viene meno chi pone la speranza in te, che non puoi venir meno. La tua misteriosa misericordia, o Dio, rivelò e mandò agli uomini il Mediatore autentico. Affinchè dal suo esempio imparassero anche l'umiltà, questo mediatore fra Dio e gli uomini, l'uomo Cristo Gesù, si presentò fra i peccatori mortali e il Giusto immortale, mortale come gli uomini, giusto come Dio...Quanto ci amasti, Padre buono, che non risparmiasti il tuo unico Figlio, consegnandolo agli empi per noi! Quanto amasti noi, per i quali egli, non giudicando un0susurpazione la sua uguaglianza con te, si fece duddito fino a morire in croce, lui, l'unico a essere libero fra i morti, vittorioso e vittima per noi al tuo cospetto. A ragione è salda in Lui la mia speranza  che guarirai tutte le mie debolezze grazie a Chi siede alla tua destra e intercede per noi presso di Te.*

<u>Cristo, la salvezza</u>

Vorrei ora riprendere lo scritto di Pietro citato all'inizio, ed in particolare:

"Sia benedetto Dio e Padre del Signore nostro Gesù Cristo: nella sua grande misericordia, egli ci ha rigenerati, mediante la risurrezione di Gesù Cristo dai morti, per una speranza viva, per una eredità che non si corrompe, non si macchia e non marcisce..."

Riflettiamo insieme. Anzitutto Dio nella sua misericordia. La bontà di Dio è intrinsecamente nella sua misericordia, perché egli, come creatore di tutte le cose avrebbe potuto scegliere vie diverse per governare il mondo, ed invece sceglie la via della misericordia. Offeso dall'uomo, nel peccato originale, essendo l'uomo stesso creato a sua immagine e somiglianza, Dio non vuole essere contrario alla sua natura e quindi è buono e misericordioso, concedendoci il perdono. Egli ci ha rigenerati. La parola significa proprio creati nuovamente, generati nuovamente. Ricominciamo a vivere. Se la prima generazione è macchiata dal peccato, questo peccato è stato cancellarlo. Ma non avrebbe potuto cancellarlo chiunque, solo Dio, solo colui che è il creatore. Ma come ci ha rigenerati? In che modo? Mediante la sua risurrezione dai morti. Egli infatti è sceso negli inferi per fare trionfare la vita sulla morte. E ce lo ricorda bene la sequenza di Pasqua. Morte e vita si sono affrontate in un prodigioso duello. Il Signore della vita, ora, vivo, trionfa.  Ma quale conseguenze ha per noi, per la nostra vita quotidiana questo avvenimento, cioè la Risurrezione? Egli, dice Pietro, è risorto per darci una speranza viva, la speranza concreta della vita eterna, per una eredità che non si corrompe. Ogni cosa di questo mondo si corrompe. Qui sta bene il richiamo al Qoelet che facevamo all'inizio. Non solo la vita eterna non si macchia di peccato e non marcisce. Non è destinata a perdersi nel nulla, ma è destinata a nuova vita. Il termine marcisce è simbolico di qualcosa che, una volta che gli è stata tolta la vita, è destinato a perdersi. Ebbene ci viene detto "non marcisce", non ci perderemo. Mi ricorda quel passo evangelico in cui Gesù dice "nemmeno un capello del vostro capo andrà perso". Tutto viene ricordato dal Signore, anche la più piccola o la più grande sofferenza, anche la risposta di lode o il silenzio. Tutto. Scusate questo scalino verso il concreto: non abbattiamoci allora quando soffriamo per una malattia, quando abbiamo una delusione dal figlio, dal padre, dalla moglie, tutto rimane nel cuore di Dio. E solo Dio sa guardare sempre nel cuore dell'uomo.


<u>LA SPERANZA: CRISTO</u>

Qual è allora la mia vera speranza? E' Cristo. E' Cristo la mia vera speranza, è Lui che è venuto a salvarci, è su di lui che devo poggiare il mio vivere. Non sono le mie capacità, la mia condizione economica,il mio lavoro, la mia posizione sociale ad essere la mia speranza. Il conto in banca non ci garantisce nulla, proprio nulla. La stima della gente non ci garantisce il futuro, specie quello eterno. La mia salute, il mio benessere, non solo non mi può rendere tranquillo (stolto, domani stesso ti verrà chiesta la vita), ma tutti questi fattori che ho elencato possono essere anche trappole mortali, poste dal demonio per porvi la nostra fiducia. Ma come, io ho lavorato tutta la vita per guadagnarmi ciò che ho in banca ed ora non è più questa la mia fiducia? Esatto. Intendiamoci, il lavoro è un dono di Dio e dobbiamo ringraziare per questo. Il tuo sacrificio non andrà dimenticato. Solo non è su questo che devi porre la tua speranza, perché basta poco per farla crollare.

La Redenzione, sopra descritta, ci fornisce una motivazione profonda per avere speranza in Cristo. Solo lui, attraverso le sue piaghe, il suo sangue, la sua morte è in grado di salvarci.

Chi confida nel Signore è come il monte Sion:

non vacilla, è stabile per sempre.

I monti cingono Gerusalemme:

il Signore è intorno al suo popolo

ora e sempre.

Egli non lascerà pesare lo scettro degli empi

Sul possesso dei giusti,

perché i giusti non stendano le mani

a compiere il male.

La tua bontà, Signore, sia con i buoni

e con i retti di cuore.

Quelli che vanno per sentieri tortuosi

Il Signore li accomuni alla sorte dei malvagi.

(Salmo 124)

Vi propongo alcune citazioni dal messale eucaristico, che si leggono durante la Messa, che riportano alla speranza eterna.

...in attesa che si compia la beata speranza e venga il nostro Salvatore Gesù Cristo perché tuo è il Regno, tua la potenza e la gloria nei secoli.

Ricordati dei nostri fratelli, che si sono addormentati nella speranza della resurrezione, e di tutti i defunti  che si affidano alla tua clemenza:ammettili a godere la luce del tuo volto. Di noi tutti abbi misericordia:donaci  di aver parte alla vita eterna, insieme alla beata Vergine Maria e madre di Dio, con gli apostoli e tutti i santi, che ti furono graditi: e in Gesù Cristo tuo Figlio canteremo la tua gloria.

<u>CREDO NELLA RESURREZIONE DELLA CARNE</u>

La Resurrezione è il centro della nostra fede, e quindi della nostra speranza. Risulta opportuno chiarire alcuni aspetti che non a tutti sono conosciuti, che è sempre meglio ricordare e sottolineare. Per non scostarmi dal magistero di santa madre Chiesa, prendo spunto direttamente da una delle ultime versioni del catechismo della Chiesa cattolica, per poi trarne una breve riflessione.

Noi fermamente crediamo e fermamente speriamo che, come Cristo è veramente risorto dai morti e vive per sempre, così pure i giusti, dopo la morte, vivranno per sempre con Cristo risorto, e che egli li risusciterà nell'ultimo giorno. Il termine carne designa l'uomo nella sua condizione di debolezza e di mortalità. La risurrezione della carne significa che, dopo la morte, non ci sarà soltanto la vita dell'anima immortale, ma che anche i nostri corpi mortali riprenderanno vita.

Quanto sopra affermato è denso di significato ed allora il catechismo ci aiuta a dare alcune risposte al riguardo.

Come risuscitano i morti?

Con la morte, separazione dell'anima e del corpo, il corpo dell'uomo cane della corruzione, mentre la sua anima va incontro a Dio, pur restando in attesa di essere riunita al suo corpo glorificato.

Chi risusciterà?

Tutti gli uomini che sono morti. Usciranno dai loro sepolcri quanti fecero il bene per una risurrezione di vita e quanti fecero il male per una risurrezione di condanna.

Come?

Cristo è risorto con il proprio corpo. Allo stesso modo, in lui, tutti risorgeranno coi corpi di cui ora sono rivestiti, ma questo corpo sarà trasfigurato in un corpo glorioso, in corpo spirituale e immortale.

In che modo?

Il modo in cui avviene la risurrezione supera le possibilità della nostra immaginazione e del nostro intelletto, è accessibile solo nella fede.

Quando?

Definitivamente nell'ultimo giorno. Infatti  la risurrezione dei morti è intimamente associata alla parusia di Cristo, cioè alla venuta definitiva e gloriosa del Cristo nell'ultimo giorno.

Per risuscitare con Cristo bisogna morire con Cristo, bisogna andare in esilio dal corpo e abitare presso il Signore. In questo essere sciolto che è la morte, l'anima viene separata dal corpo. Essa sarà riunita al suo corpo il giorno della risurrezione dei morti.

Letto quanto sopra, possiamo giungere alla seguente breve riflessione.


<u>SIAMO NATI E NON MORIREMO PIU'</u>

Dire che la morte fisica è solo un passaggio, il termine di una parte di vita e l'inizio di un'altra i cui particolari non ci è dato di conoscere è, almeno per un credente, vero e in parte anche comprensibile. Ma come sappiamo l'uomo non è una macchina che al termine della propria attività spegne l'interruttore e viene sostituita oppure non se ne fa più uso. L'uomo è fatto anche di interiorità, di rapporti interpersonali, di affetti familiari, di amore filiale o paterno o materno quale sia. Questo scatena nella psiche umana, o se vogliamo nel cuore di ognuno, una serie di emozioni, di sensazioni, tristi o gioiose, dolorose o di speranza. Perché a livello di definizione non c'è molto da eccepire, ma quando occorre fare i conti con la morte di una persona cara, allora si mettono in moto sensazioni, emozioni, veniamo colpiti nella nostra più profonda intimità, siamo in grado di arrivare ad interrogarci spesso sul senso della vita, soffriamo il distacco, la mancanza di una presenza fisica, affettiva, amica. Questo lascia spazio, a volte anche a tentazioni del demonio che fanno mettere in dubbio la presenza di un aldilà, come dimostrazione dell'assenza di Dio, non considerando che in questo modo, per assurdo, è anche lo stesso demonio una immaginazione. Non bisogna spaventarsi di fronte ad una seria elaborazione del lutto. Il tempo, le relazioni interpersonali, le esperienze, saranno il mezzo con il quale Dio ci fa percepire e capire cose che non avevamo considerato o compreso prima del decesso della persona cara. E' quindi una opportunità da cogliere per fare del dono della propria vita, così spesso schiacciata da "crono", il dio del tempo, una esperienza preziosa, unica, da valorizzare in ogni istante. Non bisogna ritenere la vita un nulla perché comunque finisce nella caducità del corpo, anzi. Siamo nati, Dio ci ha voluto al mondo per mezzo dell'amore di due persone, ci conosceva prima ancora che noi potessimo iniziare la vita, ancora dentro le viscere. Non permetterà, Dio, che nessuna vita si perda, resterà per sempre, all'infinito, sulla terra o nella vita eterna. Altro che riduzione della vita ad un processo biologico, qui si tratta di una vera e propria esaltazione della vita come dono inestimabile datoci gratuitamente. Non per nostro merito, ma per volere di Dio. Come mi risuona al proposito San Francesco, che vede nel creato qualcosa di unico, inestimabile, che contiene l'infinito, perché solo Dio avrebbe potuto crearlo. Ma il creato è anche dentro noi stessi, unici, ma tutti con una profondità, una intelligenza, una sensibilità, che solo Dio avrebbe potuto creare.

## CRISTO, VOLTO DI DIO

Ma chi è per noi Dio? Come possiamo conoscerlo? Come possiamo arrivare alla Speranza se fatichiamo a credere nella vita eterna? Prima di affrontare questo nodo centrale, ritengo opportuno partire da due "tentazioni", così come le chiama S.Agostino nella sue Confessioni. Sono due tentativi del demonio di insinuarsi nell'animo umano, anche quello apparentemente più retto, affinchè non si volga lo sguardo verso Dio, ma alla fine verso se stessi, raggiungendo così l'obbiettivo demoniaco, e togliendo le basi della speranza.

*Il compiacimento di sé stessi*

...Dentro di noi, si, dentro di noi, sta un'altra tentazione maligna, della stessa specie: quella che rende vani quanti si compiacciono di sé medesimi, anche se non piacciono, o dispiacciono, e non si preoccupano di piacere agli altri. Ma, per quanto piacciano a se medesimi, dispiacciono molto a Te, non solo prendendo come bene ciò che non è bene, ma anche prendendo il bene tuo come loro; o, se anche come tuo, ottenuto però dai meriti loro; o, se anche ottenuto dalla tua generosità, non però godendone in comunione con gli altri, ma tenendolo anzi gelosamente per sé. Fra tutti questi e altri simili pericoli e travagli vedi come trepida il mio cuore. Mi sembra più facile farmi guarire subito da te le mie ferite, che non infliggerle.

*Le lodi degli uomini*

...Ma ecco che in te, verità, vedo come le lodi che mi si tributano non debbano scuotermi per me stesso, ma per il bene del prossimo. Se io sia già da tanto, non lo so. Qui conosco me stesso meno di conosco Te. Ti scongiuro, Dio mio, di rivelarmi anche il mio animo, affinchè possa confessare ai miei fratelli, da cui aspetto preghiere, le ferite che vi scoprirò. M'interrogherò di nuovo, con maggiore diligenza: se nelle lodi che mi vengono tributate, è interesse del prossimo scuotermi, perché mi scuote meno un biasimo ingiusto rivolto ad altri che a me? Perché sono più sensibile al morso dell'offesa scagliata contro di me, che contro altri, e ugualmente a torto, davanti a me? Ignoro anche questo? Non rimane che una risposta: io m'inganno da solo e non rispetto la verità davanti a te nel mio cuore e con la mia lingua. Allontana da me una simile follia. Signore, finchè la mia bocca non sia per me l'olio del peccatore per ungere il mio capo.

Dalle "Confessioni" di Sant'Agostino.

Ora credo che l'animo del lettore sia più pronto e aperto a capire ciò che è stato rivelato, Colui che è il Mediatore tra Dio e gli uomini, colui, a mezzo del quale siamo stati redenti. Un passaggio essenziale è questo: il Dio in cui credo, in cui crediamo, non è un Dio lontano che non conosciamo. Noi conosciamo bene, per quanto apprendiamo dalla scrittura, che Dio si è fatto uomo, ha preso su di sé il peccato, la debolezza, la fragilità umana. La sua scelta per i poveri, i sofferenti, gli ultimi, non è qualcosa di marginale rispetto al messaggio cristiano. E' il cuore del messaggio. Ecco perché durante gli anni della mia vita, percorso da tante riflessiòni e ascolti, credo fortemente nella scelta per gli ultimi, come ho avuto modo di scrivere in altro libro. Però, vi dico anche, sono certo di una cosa: ciò che sento dentro e che mi smuove per andare verso quelli che il mondo considera gli ultimi tra gli ultimi, non è né la compassione umana e tanto meno una scelta che viene dal mio intelletto. Se tutto è grazia di Dio, ritengo questo non un mio merito, ma ciò che Dio ha instillato nel mio cuore. La mia non è altro che una balbettante risposta, corroborata solo da brevi, intense esperienze di sofferenza, che il Signore si è degnato fortunatamente di permettermi.

Dio ha scelto la semplicità, l'innocenza, la povertà, affinchè l'obbiettivo sia l'umiltà della creatura, non per il gusto di far sentire l'uomo inferiore, anzi per renderlo partecipe pienamente del grande progetto della Creazione, per il quale, attraverso la redenzione, siamo stati resi simili a Lui, fuorchè nel peccato.

Allora mi è necessario tornare ad Agostino, per ascoltare come lui intende questo Mediatore che è Cristo Signore, nel quale riporre, a maggior motivo una speranza salda sulla roccia.

... il Mediatore autentico, che la tua misteriosa misericordia rivelò, mandò, agli ultimi, affinchè dal suo esempio imparassero proprio anche l'umiltà, questo mediatore fra Dio e gli uomini, l'uomo Cristo Gesù, si presentò fra i peccatori mortali, e il Giusto immortale, mortale, come gli uomini, giusto come Dio, affinchè, ricompensa della giustizia, essendo la vita e la pace, per la giustizia, congiunta con Dio, abolisse la morte degli empi, giustificati, che con loro volle condividere. E' lui che fu rivelato ai santi del tempo antico, affinchè si salvassero credendo nella sua Passione futura, come noi, credendo nella sua Passione passata. In quanto è uomo in tanto è Mediatore, in quanto Verbo, invece non è mediano, poiché uguale a Dio, Dio presso Dio, e insieme a Lui, unico Dio.

<u>TESTIMONIANZA</u>

Ho incontrato una persona, non del mio paese, che in un letto di Ospedale, mi ha riportato una testimonianza che ritengo sproni alla speranza, perché indica che certe cose, impossibili alla ragione, è possibile viverle.  In un letto di Ospedale da ormai due anni a causa di un incidente automobilistico, muovendo solo un dito, vive e crede. Sono un po' scettico, ma mi attira quello che dice.

Dopo i convenevoli, usciti i parenti dalla stanza, restiamo solo io e lui, e per non disturbarlo, mi accingo ad uscire, ma lui mi ferma: "Resti qui un poco". E inizia un dialogo che vorrei riportare.

Come si sente oggi?

Bene. Vivo.

In che senso?

Sono ancora in vita e questo è bello.

Penso: o mi sta prendendo in giro o qualcosa non gira. Sente molto dolore?

No, solo un poco, ma niente di particolare. Mi nutro con la PEG (strumento utilizzato per l'immissione diretta nello stomaco del cibo), respiro per merito di una tracheotomia (il buchino che si apre sulla gola). Non posso muovere niente. Neanche piegare la testa. Sono completamente immobile, ma allo stesso tempo completamente presente di mente, per fortuna.

Vedrà che pian piano migliorerà, qui sono in gamba!

Certo, certo, mi dice con un filo di voce, ma io mi accontento anche così.

In che senso?

Sono contento.

Contento?

Sì, contento di essere sopravvissuto. Senta, mi fa un favore?

Dica.

Quando può mi porta la Comunione? E quando non riesce diciamo qualche preghiera insieme.

Volentieri. Ci mancherebbe (trasalisco). Credevo fosse un poco scoraggiato per pensare a questo.

No, assolutamente, io prego sempre.

Certo, il Signore aiuta sempre chi lo prega nella sofferenza.

No, mi dice, quasi sorridendo. Cos'ha capito? Io non prego mai per me, prego per mia moglie, i miei figli.

E come mai per lei no?

Ma è ovvio. Lui sa già tutto. Vede in che condizioni sono. Non c'è bisogno che io glielo dica. Sicuramente mi aiuta. Devo pregare per i miei familiari, loro sì che sono stati messi in difficoltà da questo evento.

Capisco. Ma qui in Ospedale non c'è nessuno che le porta l'Eucaristia?

Forse sì, ma preferisco una persona che conosco, come lei, con la quale innestare un legame spirituale.

Le sono molto grato. Non so se sarò all'altezza, ma sa, mi metto nelle mani del Signore, poi fa lui.

Mi guarda e annuisce lievemente, poi mi dice.

Sa, ho un poco voglia di tornare a casa, trovare una bandierina, attaccarla al letto. Sulla bandiera ci metterò la frase: viva la vita! È bello vivere!

Mi scusi, ma come fa a mantenere questa serenità? Anche lei avrà momenti di sconforto, di disperazione.

Sì, nemmeno per me è tutto facile. A volte un po' giù di corda con le infermiere, ma so che bisogna imparare a farsi voler bene anche da loro. Ma una cosa no: la disperazione mai. Dio mi ha dato la vita, una seconda volta, e senza che io gliela chiedessi. Di cosa dovrei lamentarmi?

Pur avendo seguito negli ultimi quindici anni, centinaia di ammalati, raramente ho visto una espressione così serena. Una capacità così soprannaturale di mantenersi attaccato alla vita, nelle peggiori condizioni, totalmente dipendente e per sempre. Solo Dio, il Cristo che solo intuisco, può dare questi doni. Se qualche lettore avesse voglia, chiedo a Sergio, e vi posso organizzare un incontro. Per toccare con mano, la potenza di Dio, non per vedere qualcuno soffrire! Lui è un esempio per la speranza cristiana.

<u>MADRE TERESA DI CALCUTTA: LA FEDE, IL BUIO, LA SPERANZA</u>

Madre Teresa scrisse al suo assistente spirituale: "Padre, sin dal 1949 avverto questo terribile senso di perdita, questa indicibile oscurità, questa solitudine, questo continuo ardente desiderio di Dio, che mi dà quella sofferenza, nel più profondo recesso del mio cuore. L'oscurità è tale che veramente non riesco a vedere, né con la mente, né con la ragione. Il posto di Dio nella mia anima è vuoto: non c'è Dio in me. Quando il dolore (causato) dallo struggente desiderio è così intenso, soltanto anelo e anelo a Dio, e poi è questo che io sento: Lui non mi vuole, Lui non è qui. Dio non mi vuole. A volte sento il mio cuore gridare "Mio Dio", e non riesco nemmeno a esprimere lo strazio e la sofferenza.

Potrebbe risultare sorprendente a prima vista questa lettera di Madre Teresa di Calcutta. Chi non conosce la sua opera? Tutti sanno di quanto bene ha fatto, della sua devozione per Maria, del suo amore verso Dio, che le ha dato la forza di compiere cose indicibili, anche se lei affermava con chiarezza di essere solo la matita di Dio, "è lui, diceva, che scrive".

In realtà Madre Teresa non è l'unica Santa che sente questo profondo dolore spirituale.

La sofferenza non è solo quella fisica, e Madre Teresa lo sapeva bene. Ecco perché il suo è un esempio importante. Esiste una sofferenza interiore che è molto pesante da sopportare e più l'uomo si allontana da Dio, più si sente spaesato, confuso, vuoto.

San Paolo in due scritti va interpretato in questo senso, quello della sofferenza spirituale, morale, oltre che fisica. Precisamente i testi sono i seguenti:

"Sono stato crocifisso con Cristo, e non sono più io che vivo, ma Cristo vive in me. Questa vita che io vivo nella carne, io la vivo nella fede nel Figlio di Dio, che mi ha amato e ha dato se stesso per me"

E poi ancora:

"Sono lieto delle sofferenze che sopporto per voi e completo nella mia carne quello che manca ai patimenti di Cristo"

Scrive la Madre Teresa alle sue figlie: "Cercate di accrescere la conoscenza di questo mistero della Redenzione. Tale conoscenza vi condurrà all'amore e l'amore vi farà partecipare, attraverso i vostri sacrifici alla passione di Cristo. Mie care figlie, senza la nostra sofferenza, la nostra opera sarebbe un'opera sociale molto buona e utile, ma non sarebbe l'opera di Gesù Cristo, non sarebbe parte della Redenzione. Gesù ha voluto aiutarci condividendo la nostra vita, la nostra solitudine, la nostra agonia e morte. Tutto questo Lui ha preso su di Sé, e l'ha portato nella notte più oscura. Solo essendo un tutt'uno con noi, egli ci ha redenti.

Ci è consentito di fare altrettanto: tutta la desolazione dei poveri, non solo la loro povertà, materiale, ma la loro miseria spirituale, deve essere redenta, e noi dobbiamo avere parte in questo. Pregate così quando lo trovate difficile: desidero venire in questo mondo che è così lontano da Dio, che si è allontanato così tanto dalla luce di Gesù per aiutarli, i poveri, per prendere su di me qualcosa della loro sofferenza".

Noi pertanto siamo chiamati a dare compimento, giorno dopo giorno, all'opera redentrice del Cristo, accettando le sofferenze, le delusioni, e accendendo la speranza là dove giace l'oscurità, assumendo su di noi una parte della povertà materiale e spirituale di chi incontriamo. Umanamente impossibile, ma non impossibile se Dio lo vuole. Per questo teniamoci stretti a Dio nella preghiera, per avere la forza di affrontare la AGOS, cioè l'agonia, quando è il momento e farci carico delle sofferenze degli altri.


## PUREZZA, CANDORE, VERGINITA'

Ricordo quando la mia cara nonna Lucia mi raccontava di un predicatore che, durante le quarant'ore, soleva ripetere: purezza, candore, verginità. E la nonna, come tutte le persone della sua età molto avanzata, soleva spesse volte ripetermelo, fino a che mi sono rimaste impresse.

Guardo il mondo, i mezzi di comunicazione, e poi guardo i miei figli. E sono molto preoccupato. Dove sono finite purezza, candore, verginità? Da genitore sono molto turbato perché ciò che viene proposto si può racchiudere in tre parole: schifezza, orrore, malvagità. Simili per accento alle altre tre parole, ma di fatto il contrario.

Non c'è più rispetto per il corpo, i mezzi comunicativi trasmettono il nudo, la volgarità, porcherie, ad orari e su canali, giornali alla portata di tutti, anche dei bambini. Tutti i bambini vengono violentati psicologicamente da queste zozzerie. Nei luoghi di lavoro, come in quelli di ritrovo, la volgarità trionfa, la verginità viene intesa come una offesa alla libertà e viene distrutta ad età sempre più giovane.

Questa situazione assomiglia molto a Sodoma e Gomorra, e ricorda le parole del Cristo, non le mie: che scandalizza uno di questi piccoli è meglio per lui che gli sia messo una macina al collo e...

Vergogna a tutti coloro che decidono, nelle cosiddette alte sfere, di diffondere questa cultura e vergogna ad ognuno di noi se la accettiamo. Non scamperemo al giudizio di Dio.

<u>AIUTARE ALLA SPERANZA</u>

La persona umana la dobbiamo immaginare composta da tre dimensioni: la dimensione fisica, la dimensione psichica, la dimensione noetica o spirituale. Tutte e tre le dimensioni convivono tra di loro e quando ne viene coinvolta una sono coinvolte tutte e tre. Per questo motivo non solo non è più tempo di pensare al malato nella sua sola dimensione del dolore fisico, ma anche degli aspetti psichici che ne derivano: paura, ansia, preoccupazione ecc. Ma è giunto il momento di pensare anche al *nous*, cioè alla dimensione spirituale. Quando una persona si ammala può darsi, e questo è risaputo, che le difese immunitarie siano ridotte a causa della condizione mentale depressa, come per antitesi è dimostrato che ridere aiuta a produrre endorfine positive e queste a loro volta alzano le difese immunitarie. Quanto detto è solo un cenno per far comprendere come ormai sia risaputo e dato per certo il legame tra psiche e corpo.

Ma non vorrei fermarmi solo a questo. Esiste una terza dimensione, quella noetica, che coinvolge il nous di ognuno, cioè la sua componente spirituale. Ed è più facile che se questa componente spirituale scricchiola, siano le altre due dimensioni a subirne le conseguenze. Come dice il dr.Moformoso in un suo famoso testo, quando corpo e mente sono bloccati a causa della malattia, il nous che è a immagine e somiglianza di Dio c'è ed è libero; il nostro compito è di farlo brillare, e può brillare grazie al motivo per il quale vivere. Riprendo il concetto delle tre dimensioni: la dimensione noetica, il nous, è quella che è attratta dal logos, cioè dalla coscienza, grazie alla quale sentiamo il valore delle cose che stiamo facendo.

La possibilità di trasformare la visione della vita grazie alla dinamica che viene chiamata libertà della volontà, l'uomo è libero di vivere di nuovo nonostante la malattia intervenuta, solo se ha la volontà di realizzare qualcosa che per lui sia significativo.

Ecco perché quando ci approcciamo ad una persona ammalata, risulta essenziale mettere in evidenza gli aspetti positivi che il vivere di questa persona comporta, affinchè il nous e la psiche di questa persona possano con la positività eliminare gradualmente gli influssi negativi della malattia. Possiamo quindi liberare dalla sofferenza quando educhiamo la persona a ri-orientarsi verso qualcuno o qualcosa per cui valga la pena di vivere e superare così la sola sofferenza; educhiamo alla salute quando aiutiamo ad avere dei forti fattori protettivi, e il fattore protettivo primario, è il motivo per il quale voler vivere nonostante tutto.

La preziosità del dia-logo (mettere in comunicazione le due coscienze), è uno dei fondamenti di un atteggiamento terapeutico verso il malato. Questo a condizione che il sentire diventi ascoltare, cioè aprire empaticamente la propria coscienza a quello che l'Altro sta dicendo. Non è un errore di battitura. L'Altro può essere il Cristo che soffre di fronte a me. Ed è per questo motivo che sarebbe buona cosa entrare in una stanza dove esiste un malato con devozione piuttosto che con maestria. Empatia significa proprio mettere in comunicazione le due coscienze, non solo l'udito. E non crediate che il malato non se ne accorga. Molti vi diranno che questo è impossibile quando il numero dei malati si fa elevato. Non importa. Noi credenti sappiamo che un modo per aiutare la speranza è porsi accanto al malato, e come samaritano, farsi carico di quello che sta dicendo, del dolore che sta seguendo. Altrimenti faremo un'opera meritoria, ma non incontreremo il nostro prossimo come ci dice Gesù Cristo.  Per esempio condizione necessaria ed ineluttabile all'ascolto è il silenzio, non solo costituito dal non pronunciare parole, ma intendo il silenzio interiore, per fare spazio a chi devo ascoltare. Ci sono molti aspetti di cui tenere conto nel rapporto con l'altro che soffre. Mi limito ad indicare alcuni aspetti fondamentali, forse in parte conosciuti, ma che è opportuno sottolineare se si vuole aiutare la speranza in chi ci sta di fronte.

Anzitutto il linguaggio meta verbale, comporto da quelle posture del corpo che di per se stesse trasmettono una espressione verso chi parla con noi. Incrociare le braccia significa porsi in una posizione di difesa, come allargare le braccia significa aprirsi all'accoglienza. I tratti del viso sono fondamentali ed esprimono spesso ciò che è dentro di noi, che non di rado potrebbe essere opposto a quello che diciamo. A ciò si aggiungono l'orientazione, la postura, la gestualità.

Cosa altrettanto importante sono le fasi dell'aiuto:

- Prestare attenzione
- Rispondere a chi ha bisogno
- Personalizzare il problema
- Aiutare la persona a iniziare una nuova vita

Per chi riceve le fasi dovrebbero essere queste, schematizzando:

- Sentirsi coinvolto nella relazione
- Avere voglia di esplorare dentro di sé e lo spazio del mondo che ancora potrà vivere (il fattore positivo che si citava prima)
- Sentirsi compreso
- Avere voglia di agire e vivere, amando qualcuno o qualcosa ancora nella vita.


PREGHIERE CONSIGLIATE

Salmo 13

Fino a quando, Signore continuerai a dimenticami?

Fino a quando  mi nasconderai il tuo volto?

Fino a quando nell'anima mia proverò affanni,

tristezza nel cuore ogni momento?

Fino a quando su di me trionferà il nemico?

Guarda, rispondimi, Signore mio Dio,

conserva la luce ai miei occhi,

perché non mi sorprenda il sonno della morte.

Nella tua misericordia ho confidato.

Gioisca il mio cuore nella tua salvezza

E canti al Signore, che mi ha beneficato


<u>Comunione spirituale per chi non può ricevere il Sacramento sotto le specie</u>

Gesù mio, credo che sei realmente presente

Nel Santissimo Sacramento dell'altare.

Ti amo sopra ogni cosa e ti desidero nell'anima mia.

Poiché ora non posso riceverti sacramentalmente,

vieni almeno spiritualmente nel mio cuore

(pausa di raccoglimento)

Come già venuto, io ti abbraccio e tutto mi unisco a te:

non permettere che mi abbia mai a separare da te.


<u>Atto di speranza</u>

Mio Dio, spero dalla tua bontà, per le tue promesse e per i meriti di Gesù Cristo, nostro Salvatore, la vita eterna e le grazie necessarie per meritarla con le buone opere, che io debbo e voglio fare. Signore, che io non resti confuso in eterno.

<u>Preghiera di Grandmaison</u>

Santa Maria, Madre di Dio, conservami un cuore di fanciullo, puro e limpido come acqua di sorgente.

Ottienimi un cuore semplice, che non si ripieghi ad assaporare le proprie tristezze; un cuore magnanimo nel donarsi, facile alla compassione, un cuore fedele e generoso, che non dimentichi alcun bene e non serbi rancore di alcun male. Formami un cuore dolce e umile che ami senza esigere di essere riamato, contento di scomparire in altri cuori, sacrificandosi davanti al tuo divin Figlio; un cuore grande e indomabile, così che nessuna ingraitudine lo possa chiudere e nessuna indifferenza lo possa stancare; un cuore tormentato dalla gloria di Cristo, ferito dal suo amore, con una piaga che non si rimargini se non in cielo.


<u>PRO MEMORIA MAI INUTILE</u>

<u>I sei peccati contro lo Spirito Santo</u>

1) Disperazione della salvezza
2) Presunzione di salvarsi senza merito
3) Impugnare la verità conosciuta
4) Invidia della grazia altrui
5) Ostinazione dei peccati
6) Impenitenza finale

<u>I quattro peccati che gridano vendetta al cospetto di Dio</u>

1) Omicidio volontario
2) Peccato impuro contro natura
3) Oppressione dei poveri
4) Frode nel salario agli operai

<u>Le sette opere di misericordia corporale</u>

1) Dar da mangiare agli affamati
2) Dar da bere agli assetati
3) Vestire gli ignudi
4) Alloggiare i pellegrini
5) Visitare gli infermi
6) Visitare i carcerati
7) Seppellire i morti

<u>Le sette opere di misericordia spirituale</u>

1) Consigliare i dubbiosi
2) Insegnare agli ignoranti
3) Ammonire i peccatori
4) Consolare gli afflitti
5) Perdonare le offese
6) Sopportare pazientemente le persone moleste
7) Pregare Dio per i vivi e per i morti


<u>VIGILATE E VEGLIATE!</u>

Partiamo dal Vangelo di Marco (13,33-37)

State attenti, vegliate, perché non sapete quando sarà il momento preciso. E' come uno che è partito per un viaggio dopo aver lasciato la propria casa e dato il potere ai servi, a ciascuno il suo compito, e ha ordinato al portiere di vigilare. Vigilate, dunque, perché non sapete quando il padrone di casa ritornerà, se alla sera o a mezzanotte o al canto del gallo o al mattino, perché non giunga all'improvviso, trovandovi addormentati. Quello che dico a voi, lo dico a tutti. Vegliate!

Il tema della vigilanza cristiana è un tema di grande importanza per l'uomo, che lui voglia o no, che ne abbia paura o faccia finta di scongiurarne il pensiero.

Se volete, insieme, facciamo una piccola lectio del testo di cui sopra.

State attenti: in greco si direbbe meglio "aprite gli occhi". Cioè ponete attenzione alla vita ed alla sua preziosità, siate consapevoli della caducità dell'essere umano.

Vegliate, perché non sapete quando sarà il momento. Un'altra ammonizione a rinforzare la frase. Una esortazione a stare svegli a qualunque ora. Cioè in qualunque momento. E' contestualmente un forte invito a vivere i momenti della vita, fatti di gioia, di dolore, di ripetitività o di sorpresa, con gli occhi rivolti verso l'eterno, non appiccicati al presente. Quindi se da un certo punto di vista a qualcuno il tema può indurre paura, d'altro canto lancia un forte grido verso il futuro eterno, pieno di speranza. Il vigilare ed il vegliare indicano due cose simili ma da due prospettive differenti: il vegliare è tipico della realtà corporale, il vigilare ne è di quella spirituale. Gesù quindi ci invita non solo ad uno sguardo fisico, ma ci esorta a entrare nel nostro intimo, dove risiede il profondo della nostra coscienza. Quanto è difficile in una realtà come quella in cui viviamo trovare il tempo, il silenzio, la capacità di guardarsi dentro, di penetrare la nostra interiorità. E' essenziale, invece, importantissimo, ne va dello spessore dell'animo umano. Essere capaci, da soli, o con l'aiuto di testi, di effettuare un serio esame di coscienza ed una altrettanto seria riflessione sulla nostra vita.

Riprendo le parole del Card.Martini al riguardo. Dobbiamo saper discernere e metterci nella posizione giusta, in modo che ciò che avviene a noi o ad altri non sia semplicemente una disgrazia maledetta, una fatalità, ma sia colto nel suo vero significato provvidenziale, che è inizio, transazione verso una nuova vita. In questa chiamata storico salvifica è dunque insita una straordinaria forza di speranza. Il Manzoni direbbe che Dio non turba mai la gioia dei suoi figli, se non per preparare loro una più certa e più grande. E' tormentato colui che legge in ogni evento un accusa per sé, gli altri, i parenti, i nemici, la società. E' sveglio, vigilante, colui che legge in ogni evento un'occasione per rinnovarsi, per riprendere in mano la propria vita, capire i propri errori.

E' importante quella frase "perché non giunga all'improvviso", che sta a significare perché la morte non ci sorprenda impreparati, non solo perché non in Grazia di Dio, e questo è importantissimo. Ma anche perché non ci faccia capire in un attimo tutta quella preziosità della vita che non abbiamo saputo capire prima.

Ecco allora un altro grande messaggio di speranza: nonostante tutto quello che può capitare, sappiate che ognuno è sottoposto alla caducità umana, e la giustizia divina trionferà alla fine, ma non nel modo e nei tempi che vogliamo noi, ma nell'insondabile volontà di Dio.

Vorrei dire a tutti coloro che soffrono, che si sentono delusi dalla vita, che si sentono falliti. Guardate che chi perde la propria vita per causa di Gesù, la troverà. La felicità eterna, che come ogni felicità sta nell'intimo del cuore di ogni uomo, è promessa ad ogni uomo, nessuno si deve sentire escluso. Nessuno.

Non è forse questa una speranza incorruttibile? Non siamo forse troppo piccoli per comprendere la grandezza, l'altezza e la profondità di questa speranza?

La vita non finisce qui sulla terra. Anzi, la morte terrena è l'inizio di una vita più piena, più completa. Non è dato a noi conoscere i tempi e i momenti, e neanche i modi che vuole il Signore, ma abbiamo la certezza che Dio ci aspetta, sa aspettarci.

Noi sappiamo aspettare lavorando nella "vigna" con la giusta vigilanza?

Mentre Dante dice, trovandosi alle porte dell'inferno, "lasciate ogni speranza o voi che entrate!" perché la condanna è definitiva, noi siamo ancora in tempo, dobbiamo utilizzare questo tempo prezioso per non perdere mai la speranza. Non una speranza in qualcosa di effimero, di terreno, la speranza dell'eternità in Dio.

Il tempo spesso divora i suoi figli. Noi dobbiamo di non essere divorati dal tempo, dagli affanni della vita quotidiana, vivendo in semplicità del cuore una fede che non può crollare se è aggrappata alla speranza eterna. Una fede che si carica della fragilità di essere creatura, ma con Cristo, si è giovata della gioia della redenzione. La redenzione non è infatti per la vita terrena, ma è per l'eternità.

Una volta un sacerdote scese in metropolitana e tra il panico dei presenti si mise a camminare sulle rotaie del treno. Allora i presenti corsero e gli dissero "Padre, padre, presto salga! In fretta!" e il sacerdote si fece aiutare a risalire. Una volta risalito i presenti gli chiesero. "Ma cosa pensava di fare? Voleva morire?". Il sacerdote rispose. "Perché quando parlo dell'importanza della ricerca della vita in Dio nell'eternità siete sopiti nell'ascoltarmi, mentre ora per salvarmi dalla vita terrena siete nel panico? Non c'è paragone tra questo piccolo tratto di vita e quella eterna! Non c'è confronto! Uno contro l'infinito! E pian piano se ne andarono pensierosi. La nostra vita è un piccolo tratto, prezioso, nel quale vivere costantemente rivolti al beni del cielo, non alla felicità terrena, che come l'erba, falciata, dissecca. Nulla contro la ricerca della naturale felicità terrena, ma nessun confronto, se mi permettete, con quella eterna. La perla preziosa che, una volta trovata dobbiamo custodire, vegliando.


<u>LA RICCHEZZA</u>

"L'uomo nella prosperità non comprende, è come gli animali che periscono"

Provo ad esprimere un pensiero sulla ricchezza in modo forse un po' particolare, ma non crediate che questo significhi ridere sul problema dei poveri o ridicolizzare chi muore di fame. Sento dentro di me l'esatto contrario. Il pensiero di essere benestante mi turba a tal punto da addormentarmi pensandoci, da svegliarmi di notte e pensarci, da guidare in auto e pensarci ecc. Il fatto di non dare la mia vita per i più poveri e ammalati nelle zone più dimenticate del mondo mi fa vergognare, e il vedere che persone donano la propria esistenza per stare accanto a chi muore di fame mi toglie il fiato. E vi assicuro che il naufragare non mi è affatto dolce in questo mare.

Quello che descrivo è talmente vero, reale, concreto, che quasi par di non crederci.

Un uomo di quarantaquattro anni fa l'impiegato, e percepisce duemila euro al mese. Ha due auto, una per sé e una ereditata dai genitori. Possiede un piccolo appartamento. Una volta all'anno trascorre una settimana al mare. Ogni tanto esce la sera con la famiglia per mangiare la pizza o qualcosa d'altro. Niente di straordinario. Un uomo di classe sociale media, con un residuo mutuo di venticinquemila euro. Quest'uomo è una persona seria, attenta ai bisogni della propria famiglia, rispettoso verso tutti, non crea liti o disturbi a nessuno. A volte deve viaggiare per una sessantina di chilometri al giorno per lavorare. Quando al sabato va a fare la spesa, concorda con la moglie le cose da acquistare, fa attenzione a non effettuare spese inutili, ma senza troppo guardare i prezzi. Un giorno gli arriva uno dei tanti messaggi postali. Mentre si riposa un attimo sul divano guardando la televisione, prende la busta, la apre e vede che contiene una dettagliata informativa di una associazione molto seria che opera direttamente sul luogo, per aiutare le popolazioni del Burundi afflitte dalla fame. La busta contiene non immagini create, ma vere fotografie e informazioni certe sui bambini di quel Paese. Viene chiesto, a chi vuole, di donare 80 centesimi al giorno per salvare un bambino, nutrirlo, educarlo. Peraltro l'associazione è dall'uomo conosciuta perché vi opera un'amica che ogni anno va direttamente in quel luogo. La cifra di ottanta centesimi gli fa venire alla mente, per caso, che è la stessa differenza di prezzo tra il gelato che ha preso a mezzogiorno e quello che non ha scelto, per chiudere il pasto. Attratto dal gol della squadra del cuore, lascia cadere sul divano la busta con il suo contenuto, e la stessa rimarrà lì sino alla mattina dopo, quando la moglie, facendo le pulizie, senza pensarci la getta. Come capita purtroppo ormai troppo spesso, un incidente automobilistico, niente di eccezionale, gli provoca lesioni al cervello e muore durante il trasporto in ambulanza. Ha già lavorato venticinque anni e gode di una assicurazione sulla vita che frutta qualche vantaggio economico ai familiari.

Nello stesso tempo in Burundi, in uno dei villaggi SOS, quelli che si riferiscono alla busta che quella sera l'uomo aveva letto, un bambino non viene accettato nel villaggio perché il numero massimo è già stato raggiunto ed economicamente non si riesce a mantenere un minimo di decenza. Di solito non succede mai, ma questa volta non è proprio possibile continuare a ricevere bambini perché non si riesce a sfamarli. Due giorni dopo ci sarebbe stata una ulteriore accettazione. Si trattava solo di aspettare. Il bambino però, troppo magro, si ammala, e il giorno dopo muore, sotto gli occhi impotenti dei genitori.

Quando l'uomo si trova davanti al giudizio particolare divino, gli espone le motivazioni del suo comportamento e mette in evidenza che ha fatto tutto per il bene della sua famiglia, fornendole tutto ciò che potesse desiderare, pur sudandosi lo stipendio tra le liti dell'ufficio. Ritiene comunque di poter passare senza particolari problemi l'esame della propria vita davanti a Dio, perché in fondo non ha mai fatto del male a nessuno, andava a Messa la domenica, mandava i figli al catechismo, e si divertiva il giusto; inoltre quando c'era da organizzare la festa per raccogliere i soldi per i bisognosi lui faceva il volontario e distribuiva i panini. Quindi poteva presentarsi anche come una persona che donava del proprio tempo libero per chi aveva bisogno. Insomma era proprio una brava persona. Nella sala d'aspetto, per attendere il giorno del giudizio, si entra due a due per non creare confusione. E vengono messi assieme coloro che muoiono lo stesso giorno.

L'uomo e il bambino in Burundi sono deceduti lo stesso giorno e si ritrovano l'uno accanto all'altro.

L'attesa si fa piuttosto lunga e Dio si fa attendere per impegni. Esce infatti un angelo a dire di attendere perché c'è un piccolo ritardo. Nel frattempo, è opportuno che ognuno guardi il film di alcuni tratti della propria vita. Solo che per uno strano errore di connessione, nel momento in cui cade dalle mani dell'uomo la busta al momento del gol, subito dopo subentra il film del bambino, partendo proprio dal momento in cui viene lasciato fuori dal villaggio SOS. L'uomo, tutt'altro che stupido, nota la connessione tra i due momenti e comincia ad agitarsi. Non si sente tranquillo ed ha fretta di entrare.

Ad un certo punto esce l'angelo, dicendo al bambino di andare in Paradiso direttamente perché Dio lo aveva già valutato e ponendo invece una domanda all'uomo. Gli chiese: "secondo lei, per quello che ha visto della propria vita, come andrà l'incontro con il Padre Creatore?

A questo punto manca un pezzo della storia, il capitolo Misericordia, ma mi dicono che una delle versioni, forse la più probabile, di chi ha visto il seguito, racconta dell'uomo di quarantaquattro anni che chiede al bambino, dall'inferno, la possibilità di entrare un poco in Paradiso per poter riposare dal dolore che il "demone dell'agiatezza terrena" gli impone, ma il bambino sta esultando per aver segnato un gol in Paradiso ed il suo orecchio non è aperto a sentirlo.

Vorrei uscire subito da un equivoco. Non è che adottando a distanza un bambino si compra la vita eterna in Paradiso. E nemmeno dando soldi ci si può mettere a posto la coscienza. Ciò che voglio rimarcare è l'assurdità della differenza tra le nostre condizioni di vita e quelle dei Paesi più poveri. Desidero appunto sottolineare che tutto quello che abbiamo, chiamato benessere, è inconfrontabile con quello di certe popolazioni del mondo. In queste, la gente, i bambini, passano le giornate a rovistare tra i rifiuti per avere qualcosa da mangiare, oppure muoiono di fame, di sete, di malattie facilmente curabili se non ci fossero disegni ben precisi da parte di noi potenti a mantenere questa abissale differenza tra le varie parti del pianeta. Questo Dio non lo può accettare, ed è ora che ce ne rendiamo conto, prima che Qualcuno, nell'aldilà ce ne chieda conto. Non concordo con chi ammorbidisce certe pagine di Vangelo dicendo che in fondo possiamo fare dei fioretti per i bambini poveri. Lasciamo queste cose a chi insegna catechismo. Affrontiamo il problema con serietà. La ricchezza è il vero idolo di oggi. La ricchezza ti permette tutto, secondo il pensiero umano, la ricchezza ti permette di sfruttare gli altri, di vivere una vita agiata, di avere i servizi sanitari prima degli altri. Per raggiungerla tanta gente si illude di poter trovare vie brevi. Ma il problema non è come viene raggiunta. E' perché la si desidera. Perché non si capisce che la ricchezza, di fatto, allontana giorno dopo giorno da Dio? Dentro la ricchezza sta il demonio, che vuole farci illudere che possiamo fare a meno di Dio, perché con i soldi riusciamo a permetterci tutto. Siamo miopi, perché pensiamo soltanto alla vita terrena, come se tutto si concludesse qui.


## I HAVE A DREAM (ho un sogno)

A mio avviso la Chiesa per rendersi credibile deve vendere tutti i suoi beni, ed il ricavato darlo ai poveri. Come dice Papa Francesco, deve essere lei stessa povera. Tutte le ricchezze che ha non fanno che appesantirla e renderla non coerente davanti agli uomini. Quando San Francesco andò dal papa, questi gli riferì un sogno. La grande Chiesa stava crollando e un uomo, magro e fragile, con le sue piccole spalle è intervenuto per sorreggere le colonne. Quell'uomo era San Francesco. Bisognava ripartire dalla semplicità e dalla povertà per poter ricostruire la Chiesa e così è successo. Sono nati eremi, monasteri, regole da seguire, e soprattutto proliferò l'esempio di Francesco, che si mantiene fino al giorno d'oggi e si manterrà per i secoli. Per questo ho dato a mio figlio il nome di Francesco, perché io e mia moglie ci siamo conosciuti in un eremo e l'esempio di San Francesco costituisce un fondamento che speriamo nostro figlio segua per il domani.

Ho un sogno, quindi: che i miei figli un domani crescano in una Chiesa, pulita dalla sporcizia della ricchezza, una Chiesa in cui coloro che sono gli ultimi, sono i primi ad essere serviti, in cui le decisioni vengano prese ascoltando, ascoltando i poveri, i sofferenti. Sogno una assistenza sanitaria che sia distribuita nel mondo non secondo il principio della ricchezza e dell'interesse degli Stati e delle case farmaceutiche, ma in base al grado di sofferenza. Sogno quindi una Chiesa che riparta dai cosiddetti ultimi, riconoscendoli primi, perché l'ha detto Gesù, il figlio di Dio. Sogno una Chiesa di martiri, non perché speri che l'odio continui, ma perché certamente il demonio non accetterà la sconfitta e darà battaglia, ma l'ultima parola non sarà la morte.

Ho un sogno: che la Chiesa si distingua per il servizio ai poveri e agli ultimi, e diventi essa stessa umile con loro, condivida le piaghe e le sofferenze di ognuno, nelle scelte al primo posto ci siano loro, i diseredati, gli ammalati, i sofferenti ogni sorta di sofferenza, i tossicodipendenti, gli ammalati psichici. Sogno di vedere l'altare della chiesa spoglio di tutto l'oro e di tutti gli addobbi e pieno di poveri, a cui si presentano davanti tutti gli allettati, giovani e non, e attorno all'altare si innalzi il sublime sacrificio di lode.

Ho un sogno, che tutti i religiosi della terra, tutti, si uniscano con l'obbiettivo di eliminare la fame nel mondo, la denutrizione, la povertà, la siccità. Che la loro preghiera comune sia concentrare lo sforzo per risollevare le miserie della terra e dare a ognuno la dignità che merita.


<u>Dio è più importante della salute</u>

Finchè si dice che Dio è più importante delle cose terrene e dei desideri degli uomini, compresa la stessa ricchezza, tutto rientra in un ragionamento logico che possiamo includere in un pensiero con un senso. Ma quando diciamo che dobbiamo preferire Dio alla salute, già le cose si complicano. Di per sé la ragione ci dice che le due dimensioni non sono per forza in antitesi; anzi spesso preghiamo Dio perché ci doni la salute, a noi e ai nostri cari. Ma quasi con la stessa spigliatezza siamo pronti a porri ragioni sovrumane contro Dio che, secondo il nostro mortale pensiero, ci castiga togliendoci la salute, se non la vita dei nostri cari. Frequentando gli ambienti dove si vive la malattia ci si rende conto che nell'arco di quarant'anni, non so prima, nulla è cambiato. Se ti capita una malattia, siamo subito a dire: ma Dio può permettere questo? Perché mi ha castigato? Va di per sé che se Dio è amore, inteso come Agape, non è possibile che Dio sia responsabile della nostra sofferenza. Quindi la risposta è sicuramente che tali domande sono semplicemente una certificazione che Dio esiste e che noi, come figli, abbiamo bisogno di un Padre con cui sfogare il nostro istinto emotivo, ma anche le nostre ragioni.

Se curi la tua salute, quella dei tuoi cari al meglio possibile, ed è giusto così, perché Dio vuole il tuo bene, anche se non sempre ci è dato di capire i disegni di Dio, perché non ti preoccupi con la stessa attenzione, tensione, impegno alla vita eterna? Sembra paradossale, ma è quasi illogico che una creatura debba pensare di più al tratto di vita breve, che all'eternità. Eppure la nostra natura ci fa credere proprio questo.

Per questo vorrei affermare che prima ancora che la salute del corpo occorre curare la salute dell'anima, anche se questo sembra utopia. Ma è proprio così. Perché la salute del corpo vale per la vita corrente, la salute dell'anima per l'eternità. Non equivochiamo certo dicendo che occorre disprezzare la vita e la propria salute, questo lo fanno coloro che hanno il tempo e la voglia di inventare cose contro i cristiani. Si sa benissimo che non vogliamo dire questo, specie quando, nella pastorale della salute, viene rimarcata la presente del Cristo crocifisso proprio nell'uomo ammalato, che è da curare, da rispettare, da amare. Gesù stesso affermò che fintanto che il Figlio dell'Uomo era sulla terra voleva fare tutto il possibile per sanare dal male fisico e non.

Vorrei concludere questo paragrafo riflessivo sulla salute e sul rapporto con Dio, che ho affrontato in altro libro, dicendo solo che è riprovevole quello che succede nella società moderna riguardo alla morte dell'uomo. Esistono situazioni, e le ho sperimentate personalmente, in cui un uomo, pur avendo parenti, muore da solo, senza nessuno che possa piangere per lui. E' chiaro che Cristo gli aprirà le porte della vita eterna, ma per ogni uomo è vergognoso che possano accadere cose simili.

<u>TUTTO E' GRAZIA</u>

Il principio infallibile che tutto ciò che esiste è grazia proveniente da Dio e che lo stesso pensiero che tutto è grazia, è anch'esso grazia di Dio, lo ritengo un concetto fondamentale su cui fondare la nostra speranza e la nostra vita. Prendo volentieri in prestito quanto dice Santa Teresa di Lisieux nel suo autoritratto dell'anima.

In particolare dove dice:

...aprendo il Santo Vangelo i miei occhi sono caduti su queste parole: Gesù, salito su una montagna, chiamò a sé coloro che gli piacque chiamare, ed essi andarono a Lui. Ecco, è proprio questo il mistero della mia vocazione, della mia vita, soprattutto dei privilegi che Gesù ha concesso alla mia anima. Egli non chiama chi è degno ma chi vuole chiamare; o, come dice San Paolo, Dio ha pietà di coloro di cui vuole avere pietà ed usa misericordia a coloro cui vuole usare misericordia. Questa non è perciò opera di colui che vuole né di colui che si affanna, ma di Dio, che intende usare misericordia. Mi sono chiesta a lungo perché mai Dio avesse delle preferenze, perché tutte le anime non ricevessero uguale misura di grazia, e mi stupivo nel vedere come egli concedesse favori straordinari a certi Santi che l'avevano offeso, come San Paolo e Sant'Agostino; egli forzava per così dire, ad accogliere le sue grazie. Allora Dio ha messo davanti ai miei occhi il grande libro della natura ed io ho compreso che tutti i fiori che egli ha creato sono belli, che lo splendore della rosa ed il candore del giglio non tolgono il profumo alla piccola mammola, né l'incantevole semplicità alla pratolina. Ho compreso che se tutti i piccoli fiori avessero voluto essere rose, la natura avrebbe perso la sua veste primaverile, i campi non sarebbero apparsi smaltati di piccoli fiori. Lo stesso accade nel mondo delle anime, che è il giardino di Gesù. Egli ha voluto creare i grandi Santi che si possono paragonare ai gigli e alle rose; ma ne ha creati anche di piccoli, ed essi debbono contentarsi di essere pratoline o violette destinate a rallegrare il buon Dio, quando egli abbassa lo sguardo ai suoi piedi.

La perfezione consiste nel fare la sua volontà e nell'essere ciò che egli vuole che siamo.


<u>QUANDO</u>

Quando sentirai rumori di guerra e gli uomini moriranno di paura intorno a te "e si solleveranno popoli contro popoli e regni contro regni" di a te stesso con estremo coraggio "Gesù mi aveva avvertito e aveva aggiunto non temete, alzate il capo perché la liberazione è vicina"

Quando il peccato ti stringerà alla gola e ti sentirai soffocato e finito, dì a te stesso: "Cristo è risorto dai morti e io risorgerò dal mio peccato".

Quando la vecchiaia o la malattia tenteranno di amareggiare la tua esistenza, dì a te stesso: " Cristo è risorto dai morti e ha fatto cieli nuovi e terra nuova".

Quando vedrai tuo figlio fuggire da casa in cerca di avventura e ti sentirai sconfitto nel tuo sogno di padre o di madre, dì a te stesso: "mio figlio non sfuggirà a Dio e tornerà perché Dio lo ama".

Quando vedrai spegnersi la carità attorno a te, e vedrai gli uomini come impazziti nel loro peccato, e ubriacati dai loro tradimenti, dì a te stesso: " toccheranno il fondo, ma torneranno indietro, perché lontano da Dio non si può vivere".

Quando il mondo ti apparirà come sconfitta di Dio e sentirai la nausea del disordine, della violenza, del terrore, della guerra, e la terra ti sembrerà il caos, dì a te stesso: " Gesù è morto e risorto proprio per salvare, e la sua salvezza è già presente tra di noi".

Quando tuo padre o tua madre, tuo figlio o tua figlia, la tua sposa, o il tuo amico più caro, ti saranno dinnanzi sul letto di morte e tu li fisserai nell'angoscia mortale del distacco, dì a te stesso e a loro: " ci rivedremo nel Regno, coraggio".

Questo significa credere nella Risurrezione.


<u>A UN AMICO CHE NON CREDE</u>

Gesù in persona, lo apprendiamo dal Vangelo e dalle scritture, ha lasciato ai cristiani l'impegno preciso, e non casuale, di andare e portare ai propri fratelli, specie quelli lontani, la luce della speranza cristiana, il messaggio evangelico. Non solo a voce, ma anche con la vita, l'esempio, le opere. Portando a tutti il messaggio di salvezza, guarendo gli ammalati, dando sollievo ai sofferenti, forza a chi è rimasto senza coraggio. Nel filone di questo percorso credo sia importante una riflessione verso chi non crede, sia esso un ateo dichiarato, oppure un agnostico.

Arriviamo da un secolo, il ventesimo, che ha vissuto in modo drammatico le utopie dell'uomo. Prima il privilegio della razza ariana con i suoi milioni di morti, poi il comunismo e con esso la dichiarazione che l'uomo può fare a meno di Dio. Anche questo non ha fatto che provocare morti e sofferenze. Ma coloro che credono che dopo queste utopie disgraziate, sia ricominciata una nuova era, più felice, si sbagliano di grosso. Piano piano il demonio si è insinuato con l'idea che il "mercato", il benessere da esso derivato, fosse l'obbiettivo da raggiungere. In realtà si è caduti, specialmente nei Paesi occidentali, sotto un'altra utopia. Quella cioè, che il benessere permettesse all'uomo di fare a meno di Dio, perché autosufficiente. Già nei secoli precedenti il filosofo Kant aveva cercato di demolire le cinque vie tracciate da San Tommaso per arrivare alla felicità eterna, e quel pensiero, appena ne sono apparse le condizioni, è cresciuto. Imperversa nel mondo del benessere l'idea che l' "io" dell'uomo non abbia bisogno del "tu", cioè non abbia bisogno di relazioni. E' riaffiorato il mito del superuomo, solo che questo uomo, alla ricerca della felicità più sfrenata, del soddisfacimento di tutti i suoi desideri, ad un certo punto, di fronte alle fondamentali domande sull'esistenza umana, fa ora i conti con il VUOTO. Ha paura, vuole cacciare il pensiero della morte, in quanto la ritiene solo un incidente di percorso nell'evoluzione della razza umana, un tremendo errore. E allora non vuole pensarci. Ma quanto gli viene posta la domanda sul "dopo la morte", la domanda sul senso dell'esistere, non fa che cadere in un profondo senso depressivo. Non peraltro le persone che soffrono di sindromi depressive sono aumentate all'ennesima potenza. Anche prima nel cervello dell'uomo avvenivano meccanismi di riduzione dell'adrenalina, di aumento della noradrenalina, e quant'altro si voglia. Ma il contesto di vita era diverso. Ora ognuno tenta di rincorrere le soddisfazioni più disparate, il godimento della vita presente, e si illude. Se coloro che credono in Dio e coloro che credono nell'Uomo, vogliono prendersi sul serio, al di là di tanti pur utili dibattiti accademici, è indispensabile che scendano nelle profondità delle rispettive convinzioni per cogliere il mistero di quell'Oltre che indistintamente ci interroga, un giorno o l'altro. Viviamo in un periodo di desertificazione spirituale, come diceva Papa Benedetto XVI. Non ci si dà nemmeno il tempo, volontariamente, nella vita di approfondire se stessi ed il confronto con lo spirito. Il filosofo italiano Norberto Bobbio, non credente, ha dichiarato che è sul "limite" che si può intavolare un fecondo incontro tra credenti e non credenti. A meno che non esista un'altra forza capace di toccare le motivazioni interiori all'uomo che portano all'azione, bisogna accettare l'idea del Creatore. Bobbio si lasciò scuotere dalle riflessioni di un missionario che si inserì nel dibattito con una lettera scritta. Ne parlò lo stesso Bobbio: "E' la risposta di un missionario che da anni vive con i "dannati della terra" di un paese africano cercando di alleviare le loro sofferenze, e mi pone molto garbatamente, senza arroganza alcuna, la domanda se basti la fede laica, quella nell'Uomo, per consacrare la propria vita ai derelitti di questo mondo o non occorra qualche cosa di più, che solo la fede nella fratellanza universale in Dio può dare". Si inscrive in questo contesto la forza dei tanti testimoni che spingono la storia a percorrere i sentieri dell'amore per i poveri e gli ultimi. Credo quindi, che il sangue dei martiri, le vite umane donate a favore di chi soffre, siano il terreno fecondo che fa continuare a crescere la vita, e penso che solo l'Amore può far muovere il mondo. Questo Amore non ha caratteristiche solo umane, ma è necessariamente il dono del Dio che ha creato il mondo, non perché ne volesse la morte o per porlo al suo servizio, ma perché questo Dio, mi piace pensare, aveva bisogno di una relazione, aveva bisogno di amore, voleva trasmettere il suo volto. Il Signore ha trasformato l'angoscia in speranza, il piano in gioia, la disperazione in letizia, la solitudine in comunione.

Camminando con Dio, coltivando quotidianamente l'esperienza dell'Amore si percepisce gradualmente la grandezza del messaggio di salvezza. Lungi dall'essere "l'oppio dei popoli" o un invenzione dell'uomo per sanare la propria esigenza di infinito, con la preghiera  e la riflessione interiore, si comprende che questa sete d'infinito è la sete di Dio, e solo Dio stesso può averla installata. Tant'è vero che solo con l'Amore in Dio l'uomo trova la sua vera felicità, non l'effimero, ma il concreto, al contrario di quanto pensano in molti.

Lo sappiamo tutti che Pascal diceva che gli uomini, non avendo potuto guarire la morte, per essere felici hanno ritenuto opportuno non pensarci più. Ma sappiamo bene che già questa è di per se stessa una contraddizione, che porta solo alla disperazione, al nulla.

<u>HO BISOGNO DI UNA MAMMA DAL CIELO</u>

Colgo diverse motivazioni per le quali la Madonna è nostro motivo di speranza, intercede per noi presso il Padre e ci aiuta nel cammino della nostra vita.

Prima di tutto lei ha detto sì al progetto di Dio pur non conoscendo ciò a cui andava incontro.  Abramo, molti anni prima aveva detto sì al progetto di Dio su di lui e questo aveva dato avvio alla vita del popolo di Dio. Maria ora completa, in modo mirabile, la venuta redentrice del Figlio di Dio, mediante il suo sì. Trattassi di una donna, una persona come noi, e pertanto questo ci dà la speranza che essa preghi costantemente il Padre, perché conosce le difficoltà, i progetti, le speranze degli uomini.

Inoltre quando, sotto la croce, Gesù dice all'apostolo che ama di più, questa è tua Madre, è come se dicesse al genere umano, vi lascio una madre, una madre che possa intercedere per voi. Troppo banale altrimenti sarebbe la sottolineatura dell'evangelista se fosse solo una consegna di compiti per dire "datevi una mano intanto che non ci sono io". E' invece la consapevolezza che Maria sarà, allorquando nella gloria, la mediatrice prima tra gli uomini e Dio.

Nella festa dell'Assunta festeggiamo inoltre Maria in quanto è assunta in cielo, compie quella speranza di vita eterna che è in noi, pur essendo lei stessa facente parte del genere umano.

A lei quindi ci rivolgiamo come ad una madre, per tutte le necessità terrene, per lenire le nostre sofferenze, giustamente. Ma cerchiamo di non dimenticarci mai di chiederle la Grazia dello Spirito, perché lenisca i nostri cuori e li conformi a quello del Figlio suo.

La "colletta" della S.Messa del giorno dell'Assunta dice questo: Dio onnipotente ed eterno, che hai innalzato alla gloria del cielo in corpo e anima l'immacolata Vergine Maria, madre di Cristo tuo figlio, fa che viviamo in questo mondo costantemente rivolti ai beni eterni, per condividere la sua stessa gloria.

Che Maria dunque, la nostra mamma del Cielo ci aiuti soprattutto a questa visione quotidiana delle giornate, rivolti ai beni eterni. Abbiamo bisogno di lei, perché interceda presso il Padre per le nostre sofferenze, fisiche e morali, ma anche spirituali, perché non si è mai udito, o Maria, che qualcuno faccia ricorso al tuo aiuto e non abbia ricevuto degna risposta. Dobbiamo quindi porre fiducia e speranza anche in Maria e ringraziare per il dono di questa mamma, che ci assiste e ci protegge ogni giorno.

Non credo superfluo quindi inserire qui preghiere di richiesta di intercessione alla Madonna.

Vergine Santa, nei vostri giorni gloriosi,

non dimenticate le tristezze della terra.

Date uno sguardo di bontà a coloro che

soffrono, che lottano contro le difficoltà e

che non cessano di immergere le loro labbra

nelle amarezze della vita. Abbiate pietà di coloro

che Chiedono la vostra intercessione.

Abbiate pietà della solitudine del cuore. Abbiate

Pietà della debolezza della nostra fede. Abbiate

Pietà dei destinatari della nostra tenerezza. Abbiate

Pietà di quelli che piangono, di quelli che pregano, di quelli

che temono e date a tutti la speranza e la Pace.


## PREGARE LA SPERANZA


Dal libro della Sapienza

Dio non ha creato la morte e non gode per la rovina dei viventi. Egli infatti ha creato tutte le cose perché esistano; le creature del mondo sono portatrici di salvezza, in esse non c'è veleno di morte né il regno dei morti è sulla terra. La giustizia, infatti, è immortale. Sì, Dio ha creato l'uomo per l'incorruttibilità, lo ha fatto a immagine della propria natura.


Dal profondo a te grido o Signore,

Signore, ascolta la mia voce.

Siano i tuoi orecchi attenti

alla voce della mia preghiera.

Se consideri le colpe, Signore,

Signore chi potrà sussistere?

Ma presso di te è il perdono.

Io spero nel Signore,

l'anima mia spera nella sua Parola.


Dal libro di Giobbe

In quei giorni, Giobbe parlò dicendo: oh se le mie parole si scrivessero, se si fissassero in un libro, fossero impresse con stilo di ferro e con piombo, per sempre s'incidessero sulla roccia! Io so che il mio redentore è vivo e che, ultimo, si ergerà sulla polvere! Dopo che questa mia pelle sarà strappata via, senza la mia carne, vedrò Dio. Io lo vedrò, io stesso, i miei occhi lo contempleranno e non un altro.


O Dio, fortezza di chi spera in te, ascolta benigno le nostre invocazioni, e poiché nella nostra debolezza nulla possiamo senza il tuo aiuto, soccorrici con la tua Grazia, perché fedeli ai tuoi comandamenti, possiamo piacerti nelle intenzioni e nelle opere.


Dice il Signore:

Io sono la risurrezione e la vita;

chi crede in me anche se muore, vivrà;

e chiunque vive e crede in me

non morirà in eterno

Salmo 61

Solo in Dio riposa l'anima mia,

da lui la mia speranza.

Lui solo è mia rupe e mia salvezza,

mia roccia di difesa: non potrò vacillare.

In Dio è la mia salvezza e la mia gloria;

il mio saldo rifugio, la mia difesa è in Dio.

Confida sempre in lui, o popolo,

davanti a lui effondi il tuo cuore,

nostro rifugio è Dio.


## PREGHIERA DEL SOFFERENTE

Signore, non castigarmi nel tuo sdegno,

putride e fetide sono le mie piaghe.

Sono curvo e accasciato,

triste mi raggiro tutto il giorno.

Sono torturati i miei fianchi,

in me non c'è nulla di sano.

Afflitto e sfinito all'estremo,

ruggisco per il fremito del mio cuore.

Signore, davanti a Te ogni mio desiderio.

Il mio gemito a te non è nascosto.

Palpita il mio cuore,

la forza mi abbandona,

si spegne la luce dei miei occhi.

Amici e compagni si scostano dalle mie piaghe,

i miei vicini stanno a distanza.

In te spero, Signore:

tu mi risponderai, Signore Dio mio.

Non abbandonarmi, Signore Dio mio,

da me non stare lontano;

accorri in mio aiuto, Signore mia salvezza.

# Indice

Finito di stampare nel mese di Dicembre 2014
per conto di Youcanprint *Self - Publishing*